KB247597

박철범의

# 하루 공부법

멘토링 편

박 철 범 의

# 하루 공부법

멘토링 편 2

동기부터 진로까지

공부 멘토링 38문 38답

박철범 지음

다산에듀

# "저 좀 살려주세요!"

나는 마치 도망치는 사람처럼 휴게실에 들어섰다. 안에 아무도 없는 것을 확인하자마자 두어 시간 동안 팽팽하게 유지되던 긴장이 갑자기 풀렸다. 좁은 휴게실 가운데는 널따란 책상 하나와 의자 몇 개만이 덩그러니 놓여 있었다. 의자에 털썩 주저앉아 등을 기대고 천장을 바라보니 깊은 한숨이 저절로 나왔다. 마치 화장실을 못 찾아 쩔쩔매다가, 우연히 발견한 화장실에서 모든 번뇌와 고뇌를 해결한 뒤에 나오는 것과 같은 종류의 한숨이었다.

'오늘도 어찌어찌 끝냈구나.'

이놈의 강연은 아무리 해도 익숙해질 것 같지 않다. 더욱이 오늘같이 학생들 수천 명의 시선을 한 몸에 받게 되는 큰 무대에 오를 때는 더욱

그렇다. 끝나고 나면 모든 기운이 다 빠져버린다. 강연을 할 때마다 느끼는 것이지만, 아무래도 나는 말을 잘하는 사람이 아닌 것 같다. 해야 할 말을 빼먹기도 하고, 하지 말아야 할 말을 내뱉기도 한다. 이것도 큰 문제지만, 가장 심각한 문제가 하나 있다. 그건 말을 하고 있는 도중에는 내가 무슨 말을 하고 있는지 나 자신도 모르게 되는 때가 있다는 것이다. 그럼에도 불구하고 강연이 끝났을 때 다들 큰 박수를 쳐주는 것을 보면 우리나라는 여전히 동방예의지국(?)인 것 같다.

천장에 박힌 형광등이 눈부셔 잠시 눈을 감고 있다가, 휴게실 안에 누가 들어온 줄도 몰랐다. 예상 밖의 인기척에 깜짝 놀라, 나는 허리를 세우고 제대로 앉았다. 눈앞에는 교복을 입은 한 여학생이 서 있었다.

"저기, 물어볼 게 있어서 왔는데요."

언제나 있는 일이다. 기억을 떠올려보면 조금 전에 있었던 공개 질의 응답 시간에, 그 여학생은 손을 들지 않았다. 그 시간에 마이크를 들고 '어떻게 하면 계획이 작심삼일이 되지 않을 수 있나요?'라고 묻는 것은 매우 어려운 일일 것이다. 그것은 '저는 스스로 세운 계획도 못 지키는 게으름뱅이입니다.'라고 말하는 것과 비슷한 용기가 필요한 일이니까.

그때 그 여학생이 휴게실에서 나에게 어떤 질문을 했었는지, 내가 어떤 대답을 해줬는지 지금은 기억이 잘 나지 않는다. 그러나 아직도 분명하게 기억이 나는 것은 바로 그 여학생의 표정이다. 그 표정 속에는 오직 한마디 말이 담겨 있었다. 내가 민족의 명절인 추석에도 고향집에 내려가지 않고 학교 도서관에 앉아 바로 이 원고를 쓰고 있게 만드는 말.

"저 좀 살려주세요!"

나는 지금처럼 도서관에 숨어 있을 때가 가장 편안하다. 구체적으로 말하면 나를 '베스트셀러 작가 박철범'이 아닌, 그냥 찌질한(?) 법대생으로 바라보는 선후배들과 친구들 속에 파묻혀 민사소송법 교과서를 읽고 있을 때가 가장 행복하다.

그러나 솔직히 말하면 이렇게 속세와 동떨어져서 내가 하고 싶은 공부를 하는 순간에도, 나는 그 여학생의 표정을 도저히 떨쳐낼 수가 없다. '저도 좀 살려주세요.'라고 말하는 그 표정. 그리고 그 여학생과 비슷한 고민을 안고 있는 학생들이 너무나 많다는 사실을 알기에, 나는 내가 벌여놓은 일을 마무리하기 위해 이 원고를 쓴다.

강연은 피곤하고, 방송은 부담스럽다. 그러나 학생들의 불안을 달래주고, 구체적인 방향을 제시해주는 일은 무척이나 보람되고 즐거운 일이었다. 이제 나는 그들의 공통된 고민에 대한 해법을 말해주는 것이 내가 해야 할 일이라고 생각한다.

한 가지 일러둘 것이 있다. 나는 내가 경험하지 않은, 혹은 듣도 보도 못한 신기한 공부법이나 조언을 제시하면서 뭔가 독특한 것이 있는 양 포장할 생각이 전혀 없다. 물론 익숙한 말을 들으면 어떤 이는 "또 뻔한 소리!"라며 책을 집어던질 것이고, 어떤 이는 "이 사람도 이런 말하는 것을 보니 확실한 방법인가 보군." 하며 실천에 힘쓰는 사람도 있을 것이다. 두 사람 다 만족시킬 재주가 내게는 없다. 다만 성적이 오르는 사람은 언제나 후자였다는 것만은 안다. 그러므로 이 책을 쓴 가장 큰 목적은, 여러분이 모르는 것을 알게 하는 것이 아니라 이미 알고 있는 것을 실천하도록 돕는 것이다.

그러니 이 책을 가까이 두고 틈틈이 펼쳐보라. 그리고 이 책에서 조언하고 있는 내용과 자신의 공부가 일치하는지 꾸준히 확인하는 것이 필요하다. 그러면 가장 효율적인 공부 방법이 머지않아 당신의 습관이 될 것이고, 신경 쓰지 않아도 성적은 그에 대한 보상으로 자연히 따라오게 될 것이다.

박철범

그대의 앞머리는 왜 그렇게 무성한가?
"그건 사람들이 나를 쉽게 알아보지 못하게 하기 위해서다."

그대는 왜 앞머리를 길게 늘어뜨리고 있는가?
"그건 내가 지나갈 때 누구라도 나를 쉽게 붙잡을 수 있게 하기 위해서다."

그대의 뒷머리엔 왜 머리칼이 없는가?
"그건 내가 지나가버린 후엔, 아무도 나를 붙잡지 못하게 하기 위해서다."

그대의 발에는 왜 날개가 달려 있는가?
"그건 내가 너무나도 빠르게 지나가기 때문이다."

그대는 누구인가?
"나는 '기회'다."

_ 고대 그리스 카이로스(기회의 신)의 동상에
쓰여 있었다고 전해지는 글

차례

## 환경관리, 저절로 공부가 되는 상황을 만들기 위한 멘토링



PART 4

## 의욕관리, 공부하려는 마음을 불러일으키기 위한 멘토링

## PART 5 과목관리, 주요 과목을 더 효과적으로 공부하기 위한 멘토링

## PART 6 학원관리, 학원과 과외를 제대로 이용하기 위한 멘토링

## PART 7 진로조언, 미래를 설계하기 위한 멘토링

PART
1

# **계획관리,**
# 짜임새 있는 공부를 하기 위한 멘토링

# "목표는 어떻게 잡는 것이 좋을까요?"

우리는 목표를 세운다고 하지, 꿈을 세운다고 하지는 않는다. 꿈과 목표는 엄연히 다른 말이다. 그리고 효율적인 계획을 세우는 첫걸음은, 이 두 가지를 확실히 구분하는 것이다.

꿈이라는 것은 최종 도착지이자 힘든 시간을 견딜 수 있게 해주는 이유다. 그것은 명문대 합격일 수도 있고, 누구나 선망하는 직업일 수도 있다. 좀 더 가까운 미래의 꿈으로는 반에서 몇 등이라든가, 어떤 과목의 1등급 같은 것일 수도 있다.

가끔 어떤 학생들은 이런 꿈을 자신의 공부목표라고 생각한다. 그래서 '수학 성적 90점 이상!' 또는 '반에서 5등 이상' 같은 표어들을 적어

서 노트 표지나 책상머리에 붙여놓기도 한다. 그런데 이것은 목표가 아니라 '꿈'이다. 이런 것들은, '그래! 열심히 공부하자.'라는 동기부여가 될지는 몰라도, 그 이상의 의미는 없다.

대학 합격이나, 등수, 등급, 시험 점수 같은 것들은 내가 100퍼센트 통제할 수 있는 것이 아니다. 이런 통제할 수 없는 것을 목표로 잡으면, 열심히 공부해도 좀처럼 가까워지지 않는 것처럼 느껴져 우리의 마음이 쉽게 지치게 된다.

목표란, 노력만으로 100퍼센트 통제가 가능한 것이다. 예컨대 '오늘 내로 수학문제 10개 풀기' 이런 것들은 지나치게 무리한 것이 아니라면, 나의 노력만으로도 달성이 가능하다. 눈앞에 골인 지점이 보이니 공부의욕도 쉽게 생긴다. 따라서 공부를 시작하기 전에는 이런 '통제 가능한 목표'를 세워놓아야 한다.

혹시 공부 잘하는 친구의 학습플래너를 들춰본 적이 있는가? 아직 한 번도 전교 1등의 플래너를 훔쳐본 적이 없다면, 한번 보기를 바란다. 많은 학생들을 상담하면서 나는 각 학교에서 전교 1, 2등을 하는 학생들의 플래너를 볼 수 있었다. 눈에 띄는 것은, 큼직하게 써놓은 '공부목표'들이었다. 거기에는 '15일까지 수학 프린트 완료하기', '이번 토요일 3시까지 과외숙제 해놓기' 등의 구체적인 목표들이 적혀 있었다.

이렇게 구체적이고 측정 가능한 매일의 작은 목표들이 그들을 우등생의 자리로 올려놓은 것이다. 사실 명문대학 입학이나 1등급 진입 같은 '꿈'들은 굳이 책상 앞에 붙여놓지 않아도 된다. 왜냐하면 꿈이라는 것은 내가 구체적인 목표들을 하나씩 차례차례 달성해 나가다보면, 어느새 현실이 되기 때문이다. 물론 수험생의 입장에서는 좋은 대학에 합격하는 것이 가장 중요하겠지만, 아이러니하게도 그 좋은 대학에 합격하는 학생은 멀리 있는 '합격'보다 자신의 눈앞에 있는 '구체적인 목표'에 집중하던 학생들이다.

한 사람은 책상 앞에다가 '닭 팔아서 부자 되자.'라고 써놓았고, 또 한 사람은 '오전 10시, 오후 4시에는 잊지 말고 병아리에게 먹이를 주자.'라고 써놓았다. 누가 더 닭을 잘 키울 것 같은가? 삶을 이루는 목표란 이런 것이다. 따라서 당신의 방 벽에 붙어 있어야 할 것도 명문대학교의 사진이 아니라, 구체적인 목표를 적어놓은 포스트잇이다.

그렇다면 얼마나 구체적이어야 효율적인 목표라고 할 수 있을까? 예를 들어, '오늘은 영어를 공부하자.'라는 목표는 어떨까? 이건 좋은 목표가 아니다. 이렇게 목표를 세워놓으면 1시간을 공부해도, 2시간을 공부해도, 내가 이걸 달성한 것인지, 달성했다면 몇 퍼센트나 달성한 것인지를 도통 알 수가 없다.

목표를 설정할 때는 내가 '몇 퍼센트'나 달성했는지 측정할 수 있어야 한다. '1시간 동안 XX수학문제집 20문제 풀기'처럼 '숫자'로 구체적으로 세워야, 달성 여부와 달성한 정도를 객관적으로 측정할 수 있지 않겠는가? 다시 한 번 말하지만, 도착지가 뚜렷하게 보여야 그곳을 향해 열심히 달리고 싶은 의욕이 생기는 법이다.

한편 숫자로 나타낼 수 있는 구체적인 목표라고 해도 거기엔 두 가지 스타일이 있다. 첫 번째는 시간을 정하는 것이고, 두 번째는 분량을 정하는 것이다. 예컨대 '수학 공부를 세 시간 동안 하자.'와 '수학문제를 30개 풀자.'가 있다. 이 둘 중에서 어느 것이 올바른 계획일까? 정답은, 상황에 따라 다르다는 것이다. 시간을 정해야 하는 상황이 있고, 분량을 정해야 하는 상황이 있다.

우리는 아무래도 쉽거나 잘하는 과목을 계속 공부하게 된다. 흥미 있는 과목의 공부는 더 하게 되고, 공부를 더 하게 되니 자연스레 점수도 높아진다. 점수가 높아지면 재미가 붙어서 그 과목을 또 공부하게 된다. 점수가 특별히 더 잘 나오는 과목이 있다는 것은 좋은 일이지만, 계속 그렇게 공부하다가는 부족한 과목에 소홀해지기 쉽다.

그러므로 쉽거나 재미있는 과목은 '분량'을 정해서 공부하는 것이 좋다. 만약 국어가 재미있다면 '오늘은 한 단원만'이라고 계획을 세운다. 자신이 잘하는 과목이기 때문에 한 단원은 그리 오래 걸리지 않을 것이다. 만약 '한 단원'이라는 제한을 걸어놓지 않으면 결국 하루 종일 국어만 공부하게 될 것이다.

반면, 어렵거나 재미없는 과목은 '시간'을 정해서 계획하는 것이 좋다. 만약 영어가 어렵다면 '오늘은 영어를 두 시간은 꼭 공부하자.'라고 계획한다. 이렇게 시간을 정하지 않으면, 어려운 과목은 아무래도 조금 공부하다 책을 덮기 십상이다. 때문에 분량에 관계없이 '일단 어떻게든 두 시간 동안은 버텨보자!'라고 계획하는 것이 현명한 방법이다.

과목뿐만 아니라, 단원별 공부에도 이런 방법을 쓰면 좋다. 쉽고 재미있는 단원은 '분량'을 기준으로 목표를 잡고, 어렵고 힘든 단원은 '시간'을 기준으로 목표를 잡는 것이다. 이렇게 하면 학습 계획을 지키기가 좀 더 쉬워진다.

물론 가장 좋은 것이야, 시간과 분량을 모두 목표를 세워두는 계획이다. "1시간 동안 10문제 풀자!"처럼 말이다. 그러나 '1시간'과 '10문제' 중에 무엇을 더 우선해야 하는가에 대해서 고민이 된다면, 아무리 재미있더라도 10문제 이상은 더 공부하지 말고, 아무리 어렵더라도 1시간까지는 공부하겠다고 마음을 먹으라고 조언해주고 싶다. 이렇게 하면 계획이 훨씬 더 쉽게 지켜질 것이다.

# “어떤 **문제집**을 살까요?”

교재에 관한 질문은 내가 가장 많이 받은 질문 중 하나다. 물론 학년과 실력, 상황에 따라서 교재 선택은 조금씩 달라질 수 있을 것이다. 그러나 이런 상황에서는 이러한 교재를 봐야 한다는 식의 대답은 정작 본인에게 도움이 되질 않는다. 설령 본인이 그런 대답을 원한다 하더라도 말이다. 왜냐하면 이건 학교를 졸업하는 순간까지 끝나지 않는 질문이기 때문이다. 이번 방학에는 교과서만 봐야 할지 『개념원리』도 같이 봐야 할지, 『개념원리』를 봐야 할지 『쎈수학』을 풀어야 할지, 『쎈수학』을 선택해야 할지 다른 문제집을 봐야 할지……. 교재에 관한 의문은 끝이 없다.

나는 여기서 '이 교재를 보라, 저 교재를 보라.'는 식의 대답보다는 선택의 '기준'을 제시하려고 한다. 분명한 기준을 가지고 있다면 굳이 누구에게 묻지 않아도 스스로 교재를 선택할 수 있다. 이것은 '어떤 교재'를 살 것인지뿐만 아니라, 애초에 '교재를 사야 할지, 사지 말아야 할지'에 관해서도 마찬가지다. 그 기준은 다음의 두 가지다.

### 1. 문제집은 반드시 70퍼센트 정도 풀리는 것으로 산다

만약 상위권 학생이라면 자신의 수준에 맞지 않는 교재로 공부하는 것이 크게 잘못된 것은 아니다. 왜냐하면 그들은 어려운 교재를 풀면 실력이 늘고, 쉬운 교재를 풀면 실수가 줄어들기 때문이다. 그러나 중하위권 학생들이 지나치게 어려운 교재를 가지고 공부하는 것은 실패의 지름길이다. 차라리 지나치게 쉬운 교재가 낫다. 왜냐하면 쉬운 교재로 공부하면 공부에 대한 자신감과 흥미라도 생기기 때문이다. 다만 효율이라는 측면에서 볼 때 너무 쉬운 것보다는 대략 70퍼센트 정도 풀리는 교재로 공부하는 것이 가장 효율적이다.

60퍼센트 이하의 정답률이 나오는 교재는 너무 어렵다. 진도를 잘 나갈 수 없게 되고, 그 과목에 대한 흥미를 잃어버리기 쉽다. 공부에 관한 흥미를 잃어버린 학생들은 자기 실력보다 어려운 책으로 공부한 경우가 많다. 남들에게는 어렵지 않을지라도 자신에게는 어려울 수 있기 때문이다. 반대로 80퍼센트 이상의 정답률이 나오는 교재는 너무 쉽다. 반복해서 보더라도 실력이 잘 오르지 않고, 매너리즘에 빠지게 된다. 그러므로 70퍼센트의 정답률이 나오는 교재가 가장 알맞은 것 같다.

민이는 고등학교 1학년이 끝날 무렵 나를 처음 만났다. 그 당시 민이의 실력은 인수분해 공식을 떠올리는 데도 버벅거리는 수준이었다. 지금까지 민이를 가르친 과외선생님은 『실력 정석』으로 수업을 진행했다고 한다. 나는 민이가 왜 성적이 오르지 않는지 알 것 같았다. 그 점수에 『실력 정석』으로 공부했다면 아직까지 정신이 온전한 게 다행이다. 민이의 어머니는 『실력 정석』으로 수업을 해주기를 바랐지만, 내가 민이에게 내린 처방은 『검정고시 대비용 수학문제집』이었다.

내 처방을 듣고 본인과 학부모 모두 실망하는 기색이 역력했다. 특히 민이는 자존심이 많이 상한 것 같았다. 서점에서 검정고시 문제집을 한 번이라도 들춰본 독자들은 잘 알 것이다. 문제가 상당히 쉽다. 거의 교과서 수준이거나 그 이하다. 그러나 내가 그 문제집을 선택한 데는 이유가 있었다. 일반 모의고사로 실력을 평가해보니 상당히 민망한 점수가 나왔지만, 검정고시 문제집으로는 65점 정도의 결과가 나왔기 때문이었다. 그것이 민이에게 적당한 문제집이었던 것이다.

그 뒤 민이는 어떻게 되었을까? 최근에 들리는 소식에 의하면 민이는 대학교에 진학했다고 한다. 민이가 입시에 성공했는지는 굳이 말할 필요가 없을 것 같다. 민이는 지금 수학 과외선생님이니까.

## 2. 어떤 교재를 선택하든 최소한 세 번은 반복해서 보겠다는 다짐부터 해라

억대 연봉을 받는 프로게이머들은 도대체 어떤 마우스를 쓸까? 수십, 수백만 원짜리 최신 마우스를 쓰는 것일까? 알려진 바에 따르면, 놀랍게도 대부분의 프로게이머들이 L사의 평범한 구식 광마우스를 쓴다고 한다. 더 놀라운 것은, 그 제품은 구식인 정도를 넘어 현재는 단종된 제품이라는 것이다. 이상하지 않은가? 왜 단종된 구식 마우스를 고집할까? 이유는 간단하다. 자신이 써오던 마우스였기 때문이다. 지금 대부분의 프로게이머들이 쓰는 그 마우스는 그들이 데뷔하던 시절에는 꽤 잘 팔리던 마우스였다. 그 당시에는 반응속도도 빠른 편이었고, 손에 잡히는 느낌도 좋은 마우스였다. 그래서 그 마우스를 썼는데, 쓰다 보니 손에 익어버린 것이다.

그래도 더 좋은 마우스가 계속 나오고 있는데, 아무래도 최신 제품으로 바꾸는 것이 낫지 않을까? 프로게이머들은 입을 모아 '절대 그렇지 않다.'고 외친다. 자기 손에 익은 마우스를 버리고 최신 마우스를 선택하는 것은, 시합을 포기하겠다는 것과 같은 의미라는 것이다. 심지어 어떤 선수는 자기가 쓰는 마우스가 단종될 때를 대비해, 미리 수십 개의 마우스를 '사재기'해놓았다고 한다. '익숙한 마우스'를 얼마나 중요하게 생각하고 있는지 알 만하다.

"참고서나 문제집은 어떤 것이 좋은가요?"

학생들이나 학부모와 상담을 하게 되면 반드시 이 질문을 받는다. 솔직히 말해서 나에게는 이 질문만큼 대답하기 괴로운 질문이 없다. 내가 하는 대답은 늘 똑같다.

"표지가 예쁜 문제집이 좋아요. 또는 종이에 형광펜을 칠한 다음 뒷장을 넘겨보았을 때 비치지 않는 문제집이 좋은 거지요."

내가 이렇게 대답하면 학생들이나 학부모들은 웃음을 터트린다. 농담이라고 생각하는 것이다. 하지만 나는 진심으로 한 말이다. 왜냐하면 좋은 문제집이라는 것은 존재하지 않기 때문이다. 어떤 문제집이라도 그 과목과 분야에서 최고의 전문가들이 자신들의 이름을 걸고 쓴 책이다. 그 전문가들은 학생들이 반드시 알아야 한다고 생각하는 내용을 정리하고, 시험에 나올 만큼 중요한 문제들을 엄선해서 책에 싣는다. 사실 어떤 교재를 골라 공부를 하더라도 효과에서는 거의 차이가 없다고 해도 과언이 아니다.

더 좋은 참고서를 찾기보다 지금 보고 있는 교재를 최소한 세 번은 반복해서 보라. 이것이 문제집이나 참고서에 관한 중요한 결론이다. 문제집을 한 번 풀었다고 또 다른 문제집을 덜컥 사는 학생들이 정말 많은데 이것은 공부 방법에 관한 조언 중에서 '다양한 문제를 다뤄봐야 한다.'는 말을 오해해 생기는 현상이다.

다양한 문제를 많이 다뤄봐야 한다는 말은 옳은 말이다. 그러나 그 말이 문제집을 한 번 풀고 나서, 바로 또 다른 문제집을 풀라는 말은 절대 아니다. 오히려 명문대 상위권 학과에 진학하는 학생들의 경우, 많은 문제집을 풀기보다는 자신이 공부해왔던 교재를 계속 반복해서 보는 경우가 많다.

"같은 내용을 반복해서 보면 타성에 젖고, 매너리즘에 빠져서 사고력이 저하되지 않나요?"라고 되묻는 학생이 있을 수 있다. 하지만 새로운 교재를 보면서, 새롭게 서술된 내용을 이해하기 위해 머리가 피곤해지는 것을 '사고력'이라고 혼동해서는 안 된다. 남들이 깜짝 놀랄 만한 깊은 사고력은 오히려 '반복적인' 학습에서 나오는 법이다.

쉬운 예를 들어보자. 사람을 처음 볼 때는 잘 생겼다든가 깔끔하다든가 하는 전체적인 이미지만 기억에 남지만, 두 번 세 번 만나다보면 처음에는 보이지 않았던 귀 밑의 점이나, 손등의 사마귀가 보이기 시작한다. 공부를 할 때도 마찬가지다. '물은 0도에서 언다.'라는 사실이 교재에 있었다고 치자. 처음 교재에서 이 내용을 보게 되면 단순히 이 사실을 외우기만 한다. 하지만 교재를 반복해서 보기 시작하면 이미 알고 있는 사실이기 때문에 이제 '사고의 여유'가 생긴다.

그때부터는 다음과 같은 의문이 들기 시작한다. '물은 0도에서 언다는데 바닷물은 왜 한겨울에도 얼지 않는 거야?', '왜 정말 추운 날에도 강의 위쪽 부분만 얼어 있고 그 밑은 얼지 않는 거지?', '물이 0도에서 언다는 말은 지구에서만 그렇다는 말일까? 우주에서는 어떻게 될까?' 이런 질문에 대한 해결책을 찾아가면서 단원통합적이고, 교과통합적인

사고가 자연스럽게 이어진다. 즉 반복된 학습이 사고의 여유를 가져다 주면서, 좀 더 세밀한 관찰을 가능하게 하고, 처음에는 몰랐던 작은 부분들까지 볼 수 있게 하는 것이다. 이렇게 공부하는 학생은 실력이 급격하게 향상될 수밖에 없다.

## Q03

# "모든 수업을 예습·복습해야 하나요?"

『박철범의 하루공부법 1』에서 나는 쉬는 시간에 짧게라도 전·후 수업의 예·복습을 해야 한다고 말했다. 이와 관련해 독자들이 궁금해했던 부분은, 어떤 과목들을 그렇게 공부해야 하는가 하는 점이다. 오늘 수업시간에 배운 과목들을 모두 예·복습해야 하는가? 그러기에는 시간이 턱없이 부족하다. 만약 예습과 복습, 둘 중에 하나만 할 수 있다면 무엇을 해야 하는가? 예습을 해야 할 과목이 있고, 복습을 해야 할 과목이 따로 있는 것인가?

결론부터 말하자면, 그건 과목에 따라 달라지는 것이 아니다. 수학은 예습을 해야 하고, 영어는 복습이라는 식의 법칙은 없다. 시간이 부족

해서 예습과 복습 중 하나만 해야 한다면, 그 둘 중에 무엇을 해야 하는지는 과목에 따라 달라지는 것이 아니라 '선생님의 수업스타일'에 따라 달라진다.

## 1. 내용정리가 위주인 수업은 예습이다

내용정리를 위주로 수업을 진행하시는 선생님의 수업은 이해하기가 어렵다. 왜냐하면 정리는 이해가 된 다음에야 가능한 공부이기 때문이다. 따라서 수업시간에 바로 내용정리를 하시는 선생님의 수업이라면 그 앞 단계 공부인 '이해'는 스스로 해야 한다. 그리고 이런 스타일의 선생님 대부분은 칠판에 판서를 열심히 하시는 경우가 많다. 그런데 예습을 하지 않은 상태에서 이런 수업을 들으면 칠판에 적고 있는 수많은 내용들이 좀처럼 와닿지 않는다. '어휴, 저게 다 무슨 말이지? 다 따라 적어야 하나?'라는 생각만 드는 것이다. 그러므로 이 선생님의 수업은 반드시 예습을 해야 하고, 그래야 선생님이 필기하고 있는 내용이 어떤 의미인지, 어느 정도 중요한지 곧바로 파악할 수 있다. 이런 파악이 생기면 내가 잘 모르는 부분, 중요한 부분만 골라서 필기할 수 있고, 그러면 시험기간에 공부해야 할 내용도 훨씬 줄어든다.

## 2. 문제풀이의 비중이 높은 수업은 예습이다

문제풀이는 정답을 알기 위해서 푸는 것이 아니다. 아무것도 모르는 상태에서 해답에 스스로 이를 수 있는 능력을 키우기 위해서 푸는 것이다. 따라서 스스로 고민하면서 문제를 풀어보지 않은 상태에서는, "이 문제는 이러이러해서 답이 이것이다."라는 식의 설명을 아무리 들어봐야 실력이 성장하지 않는다.

어떤 선생님의 수업시간에 문제풀이의 비중이 높다면 그 과목은 예습을 해야 한다. 특히, 수업시간에 다뤄질 문제들은 예습을 통해 반드시 미리 풀어두어야 한다. 그래야 선생님께서 문제를 푸실 때, 내가 문제를 풀 때의 과정과 비교를 하면서 실력을 성장시킬 수 있다. '나는 이렇게 풀었는데, 그러고 보니 저렇게 풀 수도 있구나.'라는 생각을 하며 수업을 듣는 학생과, '헐(?), 저게 뭐냐?'라는 생각으로 수업을 듣는 학생은 차이가 생길 수밖에 없다.

## 3. 중요한 것 위주로 진행되는 수업은 복습이다

모든 부분을 꼼꼼히 설명하시는 것이 아니라 흐름을 짚어주는 스타일의 선생님이 있다. 예컨대 "이것은 별로 안 중요하니 그냥 넘어가고, 이 부분에 관해서는 이제 자세히 설명을 해보겠어요."라는 식이다.

이런 선생님의 수업을 예습하는 것은 비효율적이다. 왜 그럴까? 예습은 아무것도 모르는 상태에서 해당 부분을 공부하는 것이다. 무엇이 중요한지, 그렇지 않은지 모르는 상태에서 그 부분을 공부하게 되니, 지엽적인 문제에 너무 많은 시간을 낭비할 위험이 있다. 만약 선생님이 중요한 내용을 짚어주는 방식의 수업을 하시는 경우라면, 그 선생님은 그러한 위험을 미연에 방지하는 역할을 해주고 계신 것이다. 즉 선생님의 수업 자체가 일종의 예습이므로 거기에 또 다른 예습을 할 필요가 없다. 대신 복습은 철저히 해야 하는 종류의 수업이다.

## 4. 이해도 위주로 진행되는 수업은 복습이다

수업시간에 예화나, 사례 혹은 비유를 자주 들면서 설명을 하시는 선생님이 있다. 이런 스타일의 선생님은 학생들의 '이해도'를 높이기 위해 최선을 다한다. 따라서 수업시간에 친절하게 이해를 시켜주니, 그 과정을 혼자 예습하면서 끙끙 앓을 필요가 없다. 수업시간에는 이해 위주로 듣고, 자습시간을 활용해서 그 이해한 것들을 복습하며 정리하는 데 노력을 쏟는 것이 더 효율적이다.

# "계획이 항상 작심삼일이 돼버려요"

많은 사람들이 계획을 세우고, 그것을 지키는 데 어려움을 겪는 것 같다. 나 역시 처음에는 그랬다. 처음에는 동기부여를 마구 일으켜주던 여러 색깔의 볼펜으로 예쁘게 작성된 계획표가 3일 만에 아무 짝에도 소용없는 쓰레기로 변하는 것을 수없이 반복했다. 열등감이 생겼고, 이런 식이라면 계획표가 무슨 소용이 있냐는 생각이 들었다. 하지만 지금은 내 공부의 버팀목이 바로 계획표다. 내가 불굴의 의지를 가진 사람으로 변해서일까? 나는 변하지 않았다. 단지 계획을 세우는 요령이 생겼을 뿐이다.

많은 학생들이 계획을 지키는 데 실패하는 이유는 여러 가지가 있겠

지만, 그 근본원리는 하나다. 계획표가 지켜지지 않는 것은, 자기 자신을 고려하지 않고, 내가 공부해야 할 것만을 생각하기 때문이다. 계획표에서 중요한 것은 공부해야 할 것이 아니라 '감정'이다. 감정이라니, 무슨 뚱딴지같은 소리냐고 하겠지만, 정말로 그렇다.

공부는 사람이 한다. 그리고 사람은 의지나 이성보다는 '감정'에 의해서 움직일 때가 압도적으로 많다. 예컨대 해야 한다는 것을 알지만, 도저히 할 기분이 나지 않으면 공부하기가 어렵다. 반면에 왜 해야 하는지는 잘 모르겠지만, 왠지 공부할 기분이 난다면 그 학생은 그 감정 때문에 공부가 잘될 것이다. 즉 감정은 공부를 이끌어주는 매우 강력한 동기이므로, 계획표는 그 감정을 최대한 살리는 데 초점을 맞춰 작성해야 한다. 그렇지 않고 단순히 해야 할 것들을 날짜별로 분배만 하는 무미건조하고 기술적인 계획표라면 누구라도 지키기 어렵다.

공부하고 싶은 감정이 생기게 만드는 계획표는, 부담감이 없는 계획표다. 물론 아주 적은 분량을 계획하면 당연히 부담감은 없겠지만, 이 경우엔 '과연 이것만 공부해도 될까?'라는 불안감이 생겨버린다. 그렇다면 불안감도, 부담감도 모두 안 생기는 계획표를 만들려면 어떻게 해야 할까? 좋은 방법은, '계획을 지키는 게 실패해도 다시 복구할 수 있는 시스템'을 만들어두는 것이다. 나는 이것을 '루즈타임'이라 부른다.

축구 경기를 보면, 전광판 시계는 90분이 지나서 멈췄는데도 경기는 계속 진행될 때가 있다. 루즈타임(Lose Time), 즉 추가시간 때문이다. 경기 도중 선수의 부상 등 여러 사정 때문에 경기가 지체되는 시간이 있는데 이런 시간들을 모아서 +α의 시간을 조금 더 주는 것을 루즈타임이라고 부른다. 우리가 공부 계획을 세울 때도 반드시 이런 루즈타임을 두어야 한다.

구체적으로는 다음의 세 가지 방식을 적용해보기를 추천한다.

### 1. 일주일에서 이틀은 반드시 빼두어라

계획을 세우는 요령을 모를 때, 나는 내가 해야 할 것을 모두 계획표에 쏟아붓는 방식을 택했다. 이것도 하고 저것도 하고, 좀 힘들겠지만 굳은 신념을 갖고 하면 왠지 달성할 것 같기도 한 그런 계획표였다. 만드느라 고생했지만, 일단 만들어놓은 계획표를 보자 만족스러웠다. 그 방식으로 만든 계획표는 그대로만 열심히 하면 마치 서울대도 합격할 수 있을 것처럼 보이는 계획표였다.

첫날은 만족스러웠다. 물론 약간 덜 한 것이 있지만 다음 날 열심히 하면 보충할 수 있을 것 같았다. 그러나 다음 날이 되자 어제 덜 한 그것을 하는 데 반나절이 지나가버렸다. 결국 그날 밤이 되었는데도 오늘 해야 할 것의 절반밖에 완수하지 못했다. 셋째 날이 되자 나는 절망에 빠졌다. 이제는 하루 분량의 공부가 밀렸다. 주말이 되자 거의 2~3일치가 밀렸다.

일요일 밤에, 지켜지지 못한 계획표를 바라보면서 나는 공부라는 것이 정말 끔찍하다고 느꼈다. 이제는 계획표를 세우기도 싫었고 공부를 하기도 싫었다. 그리고 다음 일주일을 내리 놀았고, 그 주의 마지막 날에 불안감을 느껴서 다시 계획표를 짰다. 그렇게 나는 일주일을 공부하고 일주일은 놀아버리는 패턴을 반복하고 있었다.

여러 번 시행착오 끝에 밑져야 본전이라는 생각으로 계획표를 짜는 원칙을 바꾸었다. 수요일과 토요일을 아예 비워둔 것이었다. 월요일과 화요일에 공부를 하다가 밀린 공부를 수요일에 하고, 목요일과 금요일에 공부하다가 밀린 것들을 토요일에 하자는 심산이었다.

대성공이었다. 내가 계획을 못 지켜도 수요일과 토요일이라는 완충장치가 있다는 생각이 훨씬 마음을 편하게 했다. 초조함이 사라지고, 공부할 기분이 들었다. 분명히 예전에 세우던 계획표보다 이틀을 더 공부 안 하는 계획표임에도 불구하고, 나는 새 계획표 덕분에 예전보다 더 많이 공부하게 되었다. 불안이나 초조, 열등감이 아닌 훨씬 편안한 감정을 가지고 말이다.

## 2. 하루에 2시간은 논다고 가정하라

다음에는 이 원칙을 주간 계획뿐 아니라 하루 계획에도 적용했다. 예전에 어떤 친구와 내기를 한 적이 있었다. 똑같이 『개념원리』 수학의 한 단원을 공부하기로 했다. 그 친구의 목표는 필수예제와 유제 그리고 연습문제였다. 그러나 나는 하루 전체 공부시간에서 2시간을 빼두었다. 예컨대 밤 10시에 야간자습이 끝난다고 가정하면 8시까지만 계획을 세운 것이다. 2시간은 일종의 완충장치다. 그렇게 2시간을 빼고 계산하니 연습문제는 도저히 할 수 없겠다는 결론이 나왔다. 나는 필수예제와 유제만 목표로 잡았다.

우리 둘 다 하루 종일 열심히 했다. 그 친구는 필수예제와 유제를 모두 풀었고, 연습문제의 절반을 풀었다. 나 역시 마찬가지였다. 저녁 8시에 필수예제와 유제를 모두 끝냈다. 그런데 자습이 끝나기까지는 아직 2시간이 남았다. 그래서 남은 2시간 동안 연습문제의 절반을 풀었다. 즉 친구와 나 모두 똑같은 양을 공부한 것이다.

그런데 친구는 하루가 끝난 뒤 열등감에 빠졌다. 자기가 세운 계획을 못 지켰기 때문이다. '아, 짜증나. 못 지켰어. 공부 따위 하기 싫어.'라는 표정이 얼굴에 역력했다. 반면에 나는 자신감이 생겼다. 내가 세운 계획인 필수예제와 유제를 모두 끝냈고, 오히려 연습문제의 절반이라는 공부를 초과달성한 것이었다. 실의에 빠진 그 친구는 다음 날부터 쉬는 시간에 엎드려 잠을 잤다. 그러나 나는 '뭐야, 공부도 할 만하잖아?' 하는 생각에 의욕이 넘쳤다.

### 3. 한 호흡에 20분은 잡생각을 한다고 가정하라

이 원칙을 그대로 한 호흡단위의 공부시간에도 적용할 수 있다. 예컨대 1시간 동안 내가 읽을 수 있는 책의 분량이 30페이지라면 20분을 제외하고 계획을 짠다. 1시간에 30페이지라면 40분 동안에는 20페이지를 읽을 수 있으므로, 이것을 목표로 계획을 짠다. 실제로 공부를 해보고 시간이 남으면 더 하면 되고, 중간에 잡생각이 잠깐씩 들어도 웬만하면 계획대로 지켜진다. 이렇게 계획을 짜면 계획표가 나에게 열등감을 가져다주는 것이 아니라, 오히려 자신감과 공부하고 싶다는 의욕을 가져다주는 도구가 된다.

# “계획대로 공부하기가 지겨워질 땐 어쩌죠?”

공부 목표를 구체적으로 잡았다. 내 능력에 맞는 계획도 세웠다. 그런데 막상 공부를 해보니 계획대로 공부하는 것이 너무 힘들다. 별로 무리한 계획도 아니었는데, 공부를 하다보니 뭔가 답답한 기분에 진도가 제대로 나가지 않는다. 이럴 때는 어떻게 해야 할까? 여기서 해결방법 세 가지를 소개하겠다.

## 1. 성격이 다른 과목을 교대로 배치하라

아령으로 팔운동을 하는 상상을 해보자. 오른팔로 아령을 열 번 왕복

하자, 팔이 아파 더 이상 들 수 없게 되었다. 하지만 아픈 것은 오른팔일 뿐, 왼팔은 멀쩡하다. 이제 왼팔로 아령을 들고 열 번 왕복운동을 한다. 왼팔로 운동하는 동안 오른팔은 쉬고 있다. 때문에 오른팔로 다시 몇 개를 더 들 수 있다. 세부적으로 보면 각 부분에 적절한 휴식이 있었지만, 전체적으로 보면 쉬지 않고 운동한 셈이다.

수학문제를 계산하는 것과 시를 감상하는 것은 둘 다 두뇌가 하는 일이지만, 생각의 성격에 따라 사용하는 뇌의 부분이 다르다. 아령을 드는 팔이 2개로 나뉘어 있어 번갈아 가며 쓸 수 있듯이, 사람의 뇌도 여러 부분으로 나뉘어 있어 번갈아 가면서 쓸 수 있다. 따라서 성격이 다른 과목을 번갈아 공부하면, 전체적으로는 쉬지 않고 공부하는 것이지만 뇌의 입장에서는 적절히 휴식하는 셈이 된다.

수학이나 과학은 논리적으로 사고해야 하며, 정확한 계산이 필요하다는 공통점이 있다. 그런 이유로 수학을 공부하고 나서, 같은 성격의 과목인 과학을 공부하는 것은 비효율적이다. 이런 경우는 과목을 바꾸어 성격이 다른 공부를 하는 것이 효과적이다. 수학을 하고 나서는 국어나 영어 같은 어학을 하거나, 국사나 지리 같은 암기과목을 공부하는 것이 좋다. 이렇게 성격이 다른 과목을 번갈아 공부하면 훨씬 효율적인 공부를 할 수 있다.

## 2. 시간표가 아닌 과제표를 만들어보자

분 단위의 시간까지 공부거리를 배정하는 소위 '시간표'식의 계획표를 만드는 학생들이 많이 있다. 나도 빡빡한 시간표를 많이 만들어봤지만, 잘 지켜지지 않는 경우가 대부분이었다. 그 이유는 스케줄에 매여있는 답답한 느낌에 공부를 시작하기가 싫어지기 때문이다. 만약 당신도 그런 느낌을 받았다면, 빡빡한 시간표식 계획보다는 간단한 과제표식 계획이 나을 수 있다. 과제표식 계획이란, 시간에 관계없이 하루 목표를 그날 내로 끝내기만 하면 되는 방식이다. 시간에 구애받지 않아도 되니 계획 때문에 오는 부담감이 훨씬 덜하다.

예컨대 오늘의 공부로 영어단어 100개와 수학문제 100개를 계획했다고 하자. '시간표'를 짠다고 하면, 이것을 각각 오전과 오후에 배치하는 식이 될 것이다. 그러나 막상 공부를 하다보면 단어 외우기가 너무 지겨워질 수도 있다. 단어50개-수학50문제-단어50개-수학50문제, 이렇게 번갈아 가면서 하는 것이 나을 것 같다는 생각도 들지만 그러면 계획표를 지키지 않게 되는 것이라 죄책감이 든다. 때로는 오전에 사정이 생겨서 공부를 하지 못하게 되는 경우, 계획표를 새로 짜야 되는 상황이 벌어지기도 한다. 이런 경우, 차라리 '오늘의 과제 : 영어단어 100개, 수학문제 100개' 정도로만 결정하고 구체적으로 무엇을 몇 시에 할지는 그날의 상황이나 집중도에 맞게 운영하는 것이 좋다.

이것은 주 단위의 계획표를 세울 때도 마찬가지다. 오늘 할 것, 내일

할 것을 꼼꼼하게 분류하기보다, 이번 주에 끝내야 할 것들만 정해두자. 즉, 자신에게 어느 정도 '운영의 자유'를 줌으로써 부담감을 덜고 결국 계획을 지킬 확률을 높일 수 있는 것이다.

성적이 올라가면서 나의 계획표는 점점 더 단순해졌다. 최상위권이 되자 공부분량은 폭발적으로 늘어났지만 계획표를 짜는 데에는 별로 시간이 걸리지 않았다. 나의 계획이 '시간표'에서 벗어나 점점 '과제표'로 바뀌어갔기 때문이다. 예컨대 밑의 과제표는 내가 수능 한 달 전에 썼던 계획표 방식이다. 살펴보면 굉장히 간단해 보일 것이다.

| EBS Final | 1회 | 2회 | 3회 | 4회 |
| --- | --- | --- | --- | --- |
| 국어 | 10월 1일 (95점) | 10월 2일 (97점) | 10월 2일 (98점) | |
| 수학 | 10월 1일 (92점) | 10월 2일 (88점) | 10월 4일 (96점) | |
| 영어 | 10월 1일 (98점) | 10월 2일 (99점) | 10월 4일 (94점) | |
| 사회탐구 | 10월 1일 (89점) | 10월 2일 (92점) | 10월 4일 (95점) | |

이 작은 도표가 나의 '일주일 전체 계획표'다. 그 주의 목표는 'EBS 파이널 모의고사'였다. 그래서 과제표를 만들어 빈칸에 그 과제를 달성

한 날짜와 결과(점수)를 적는다. 원래는 매일 모의고사를 한 회씩 치려고 했으나 그때그때의 기분에 따라서 10월 2일에는 국어를 2회 연달아 보기도 했고, 10월 3일은 사회탐구를 정리하느라 모의고사를 치지 못하기도 했다. 만약 '시간표'를 만들었다면 이런 일이 생겼을 때마다 계획표를 수정해야만 했을 것이다. 그러나 시간표가 아닌 과제표를 만든 덕분에 나는 융통성 있게 계획을 운영할 수 있었고, 결국 예정된 시간보다 빠르게 완료할 수 있었다.

## 3. 계획을 융통성 있게 수정하라

위에서도 말했듯 계획에는 언제나 융통성이 있어야 한다. 상황에 따라 더 나은 계획으로 바꿀 수 있어야 한다는 뜻이다. 숙련된 작업공은 일을 시작하기 전에 '어떻게 하면 쉽게 이 일을 끝낼 수 있는지'를 먼저 생각한다고 한다. 공부도 마찬가지다. 열심히 하는 것은 좋은 미덕이지만, 그보다 선행되어야 할 것은 더 쉬운 방법은 없는지 찾아보는 일이다.

언젠가 국사 공부를 할 때였다. 그날의 목표는 '교과서를 세 번 읽기'였다. 그 정도로 반복해서 읽으면 그 단원을 확실히 마스터할 수 있을 것 같았다.

한 번 다 읽었다. 그런데 오랜 시간 앉아서 집중했기 때문일까? 온몸에서 힘이 빠지고 머리가 아파왔다. 잠깐 쉬고 와서 두 번째 읽기에 도

전했지만 너무나 지루했다. 방금 본 내용이라 다 아는 것 같았다. 나는 어쩌자고 이 지겨운 작업을 세 번이나 하겠다고 계획했을까? 모래알을 씹는 기분으로 얼굴을 찡그리며 책을 읽어나가다 문득 이런 생각이 들었다. '물론 이런 지겨움을 참고 견디면서 공부하는 것이 아예 안 하는 것보다는 낫겠지. 그런데 결코 효율적인 공부 방법이 아닌 것 같아.'

나는 더 이상 '비효율적인 끈기'를 발휘하지 않기로 했다. 읽는 것은 한 번으로 그냥 끝내고, 이제 문제집을 풀었다. 또 다른 맛이 느껴졌다. 방금 교과서에서 읽었던 내용을 묻고 있음에도 불구하고 기억나지 않는 것도 많았다. 왠지 승부욕이 생기고 공부가 재미있어졌다.

실제로 공부를 해보았을 때 전혀 효율적이지 않은 계획이었음이 드러났다면, 융통성을 발휘하여 그 계획을 수정할 수 있어야 한다. 이미 계획을 세웠다고 해서 융통성 없이 그대로 밀어붙이는 경우가 있는데, 그건 '끈기 있게 공부하라.'는 말의 뜻을 오해한 것이다. 그 말은 놀지 말고 열심히 하라는 말이지, 처음 계획대로 무조건 끝까지 가야 한다는 말이 아니다. 공부해야겠다고 마음먹고 있는데 친구가 놀자고 꼬드긴다. 하지만 눈물을 머금고 거절한 후에 공부를 계속 한다. 이런 것이 '끈기 있게 공부하는 것'이다.

만약 국사교과서를 세 번 읽기로 계획을 세웠는데, 두 번째부터는 너무 지겨워서 도저히 집중이 안 되는데도 인상을 찌푸리며 버티는 것은 '끈기'가 아니라 '미련함'이다. 이럴 땐, 교과서를 덮고 문제집을 풀어본다거나, 내가 직접 문제를 만들어본다든가, 친구와 함께 번갈아 질문한다든가, 시도해볼 수 있는 다른 공부 방법은 무수히 많다.

상황에 따라 계획을 그때그때 수정하는 것, 이것도 공부 능력 중 하나다. 계획을 세울 때뿐만 아니라 공부를 하는 도중에도 '어떻게 하면 좀 더 쉽고 빠르게 끝낼까?'라는 생각을 하며 계속 공부방향을 이리저리 수정할 줄 아는 융통성을 가지는 것이 좋다.

공부를 하나도 안 하고 성적이 오르기를 기대한다면 그건 '날로 먹으려는' 못된 심보다. 하지만 공부를 '계획'할 때는 어느 정도 그런 '날로 먹으려는' 똑똑한(?) 심보가 반드시 필요하다. '어떻게 하면 좀 더 쉽게, 좀 더 효율적으로 공부할 수 있을까?'라는 생각을 항상 하면서, 융통성 있게 끊임없이 계획을 수정해 나가는 자세가 필요하다.

# "학습일지는 구체적으로 어떻게 쓰나요?"

혹시 핵폭탄을 갖고 싶다고 생각한 적이 있는가? 그렇다면 '설계도'를 구하는 것은 어렵지 않다. 인터넷을 뒤지다보면 의외로 쉽게 핵폭탄 설계도를 찾을 수 있다. 심지어는 대학에서 물리학을 전공한 학생이라면 자신이 직접 설계도를 작성하는 것도 가능하다. 그러나 설계도를 구하기가 쉽다는 말이, 핵폭탄을 만들기가 쉽다는 말은 결코 아니다. 재료가 되는 우라늄이나 플루토늄을 구하는 것이 거의 불가능할 정도로 어렵기 때문이다.

세상 모든 일이 그렇다. 설계도를 구하는 것과 실제로 핵폭탄을 만드는 것이 전혀 별개의 일이듯, '계획을 세우는 것'과 '실제로 공부를 하는 것' 역시 전혀 별개의 일이다. 하지만 많은 학생들이 이 사실을 간과하고 있다.

시험을 앞두고 계획표를 세운 경험은 다들 있을 것이다. 하지만 그 계획표에 맞춰 공부를 한 적은 별로 없을 것이다. 그 원인은 내가 '할 수 있는 것'이 아니라, '해야만 하는 것'을 계획했기 때문이다. 『박철범의 하루공부법 1』에서는 이 문제를 해결하기 위해 '학습일지'를 작성할 것을 조언했다. '매일 얼마나 공부했는가?' 하는 것을 기록한 학습일지가 있다면, 현실성 있고 효율적인 계획을 세울 수 있기 때문이다.

그 조언을 읽은 독자들이 '구체적인 방식'을 알려달라고 하여, 여기서는 아래 예를 보면서 구체적으로 학습일지를 어떻게 작성해야 하는지 알아보도록 하겠다.

| 1월 1일 | 국어 | 영어 | 수학 | 기타과목 |
|---|---|---|---|---|
| 아침자습 | X | 영어듣기 | X | |
| 점심시간 | X | X | 기출문제 | 국사교과서 읽기 |
| 야간자율 | 인터넷 강의 | | | |
| 밤(집에서) | X | X | X | X |

일단, 이 학습일지의 큰 문제점은 구체적인 공부분량이 나와 있지 않다는 점이다. 단순히 아침자습 시간에 영어듣기를 했다고만 나와 있을

뿐, 구체적인 공부시간과 공부분량을 알 수 없다. 학습일지는 일기가 아니다. 누가 보더라도 그 사람의 공부분량을 알 수 있게, 자신이 했던 공부의 '정확한 분량과 시간'을 구체적으로 적어야 한다.

또한 마지막 줄을 보면 모두 X표시가 되어 있다. 공부를 안 했다는 뜻인데, 이럴 때는 X표만 해 놓으면 안 된다. 사정이 생겨서 공부를 하지 못했다면 '일찍 잤음', '인터넷 했음', 'TV 봤음', '게임 했음' 하는 식으로 반드시 그 '이유'를 구체적으로 써놓아야 한다. 왜냐하면, 공부분량뿐 아니라 무얼 하며 얼마나 놀았는지도 알아두어야 자신의 삶을 객관적으로 알 수 있기 때문이다. 그 시간에 공부를 하지 않고 놀았다는 사실도 자신의 학습능력의 일부다. 나의 단점을 구체적으로 알아야 보완을 할 수 있지 않겠는가? 학습일지의 예를 하나 더 살펴보자.

| 1월 | 국어 | 수학 | 영어 | 사회탐구 |
|---|---|---|---|---|
| 14일 월 | A모의고사 1회/5회 | OO수학 행렬 1/3 | XX문법 1단원/18 | 국사교과서 1/5 |
| 15일 화 | A모의고사 2회/5회 | OO수학 행렬 2/3 | XX문법 2단원/18 | 국사교과서 2/5 |
| 16일 수 | A모의고사 3회/5회 | OO수학 행렬 3/3 | XX문법 3단원/18 | 국사교과서 3/5 |
| 17일 목 | A모의고사 4회/5회 | OO수학 행렬 1/5 | XX문법 4단원/18 | 국사교과서 4/5 |
| 18일 금 | A모의고사 5회/5회 | OO수학 행렬 2/5 | XX문법 5단원/18 | 국사교과서 5/5 |
| 19일 토 | 복습 | OO수학 행렬 3/5 | XX문법 6단원/18 | X |

이번 학습일지는 아까보다 구체적이다. 이 학습일지를 쓴 사람이 하루에 할 수 있는 공부 능력은 얼마나 될까? 국어 모의고사 1회, 수학 1/3~1/5단원, 영어문법 1단원, 국사교과서 1/5이다. 자, 이렇게 자신의 능력을 알게 됐으니, 시험이 다가와 마음이 급하다고 해서 '하루에 모의고사 10회 풀기' 같은 비현실적인 공부 계획을 세우는 것은 피할 수 있다.

학습일지를 보면 자신의 공부에서 문제점도 쉽게 발견할 수 있다. 예컨대 국어에 관해 살펴보면 일주일 동안 모의고사만 풀었다고 되어 있다. 너무 문제풀이 위주의 공부로 보인다. 앞으로는 자습서 정독이나 교과서 문학작품의 정리, 속담·한자성어 정리 같은 보충적인 공부도 병행하는 것이 좋다고 진단할 수 있다.

수학의 경우, '○○수학'이라는 교재를 봤다고 되어 있다. 그러나 이래서는 하루에 몇 문제나 푸는지, 공부시간은 얼마나 되는지 알 수가 없다. 그러므로 조금만 더 구체적으로 쓸 필요가 있다. 페이지, 단원, 문제 수, 시간 등을 기준으로 잡아 숫자로 기록해 놓으면 보다 객관적으로 자신의 공부분량을 파악할 수 있을 것이다.

영어에서의 문제점은 지나치게 문법에만 편중되어 있다는 점이다. 영어단어를 전혀 외우지 않는다는 점, 그리고 영어듣기와 독해공부가 없다는 점은 앞으로 공부 계획을 세울 때 고려해야 할 부분이다.

국사를 보면 교과서를 한 주 동안에 다 봤다고 적어놓았는데, 그저 책상에 앉아 팔짱을 끼고 교과서만 줄줄 읽어나갔다는 말인가? 그렇다면 틀림없이 내용이 머릿속에 별로 남아 있지 않을 것이다. 다음부터 문제풀이를 병행한다면 분명히 좋은 결과를 맺을 것이다.

이렇듯 구체적인 학습일지를 만들어 놓으면 자신의 문제점을 파악할 수 있고, 스스로에게 부족한 것이 무엇인지 알 수 있다. 학습일지를 보며 자신의 단점을 보완하는 공부 계획을 짜서 실천하는 사람은 성적이 오를 수밖에 없다. 그러니 이제부터 공부를 계획할 때는 지금까지 써온 학습일지를 먼저 들춰보자. 그 안에 성적을 올릴 수 있는 길이 있다.

PART
2

# **시간관리,**
# 하루 24시간을 알차게 보내기 위한 멘토링

# "수면관리의 구체적인 방법이 궁금해요"

## 1. 나에게 딱 맞는 수면시간은 어떻게 알 수 있나요?

『박철범의 하루공부법 1』에서 잠은 충분히 자는 것이 좋다고 이야기했다. 그렇다면 구체적으로 몇 시간을 자는 것이 나에게 가장 알맞을까? 아래에 제시된 대로 따라 해보면 자신의 적정 수면시간을 알 수 있을 것이다.

일단 저녁 6시 이후에는 아무것도 먹지 않는다. 6시 이후에 음식을 먹으면 위장이 운동을 해서 우리 몸의 숙면을 방해하기 때문이다. 그리고 저녁 9시 이후에는 스마트폰이나 TV, 인터넷, 게임처럼 재미있어서 졸음을 참아가며 하게 되는 모든 것에 손을 대지 않는다. '지금이 자야 할 시간이야.'라고 우리 몸이 알려주는 미세한 신호를 잡아내기 위한 것이다.

추천하는 것은 가벼운 책을 읽는 것이다. 침대에 앉아 책을 읽다가, 잠이 오는 순간 다른 행동을 하지 말고 바로 누워서 자도록 한다. 그때부터 다음 날 알람이 울리지 않아도 저절로 눈을 뜨게 되는 시간까지, 그게 바로 자신의 '적정 수면시간'이다.

만약 아침에 눈은 떴지만 다시 잠들었다면, '처음에 눈을 뜬 시간'이 기준이다. 알람 같은 외부적인 조건 없이 내 몸이 '이제 피로가 다 풀렸어.'라고 말하는 순간이기 때문이다. 그 시간을 기억해두고 나의 수면 패턴을 최대한 거기에 맞춰야 한다.

'내신시험'기간이 아닌 평소에는, 쉬는 날이라 해도 그 시간보다 1시간 이상 더 자지 말고, 공부할 것이 많다고 해도 1시간 이상 덜 자지 말아야 한다. 그렇지 않으면 힘들게 쌓아올린 수면패턴이 무너져버린다.

반면 '내신시험'기간에는 잠을 줄여야 할 상황이 있을 수 있다. 시험 전날에 가급적 많은 지식을 머릿속에 넣어야 하기 때문이다. 그렇지만 아예 밤을 새버리면 다음 날 시험시간에 졸게 될 수도 있다. 그러니 '잠을 줄이더라도 다음 날 시험에 큰 영향은 없는 수면시간'을 평소에 시도해보고 알아두어야 한다. 이건 사람마다 다르겠지만 보통은 '5시간 내외'인 경우가 많다.

## 2. 아침에 일찍 일어나는 게 힘들어요

처음부터 이른 아침시간에 일어나는 것은 매우 힘들 것이다. 하지만 그건 습관이 안 되어 있어서 힘든 것뿐이다. 습관이 되면 '제 시간에 안 일어나는 것'이 오히려 불편하다. 습관이 잡히는 기간은 대략 한 달 정도다. 따라서 한 달 정도는 고생할 각오를 해야 한다.

일찍 일어나려면 일찍 자야 한다. 그리고 푹 자야 한다. 눕자마자 30분 내로 잠이 들지 않는 사람은 땀이 나는 운동을 꾸준히 해주는 것이 좋다. 그렇다고 잠들기 직전에 해서는 곤란하다. 운동을 하면 신경계가 흥분해서 오히려 잠이 안 오기 때문이다. TV나 인터넷처럼 영상이 머리에 한동안 남는 것도 피해야 한다. 역시 신경계를 자극해서 잠드는 것을 방해하기 때문이다.

자기 전에는 샤워와 독서가 가장 좋다. 낮에 적절한 운동으로 몸을 피곤하게 하고, 자기 전에는 뜨거운 물로 샤워를 해서 근육의 긴장을 푼 다음, 잠자리에 누워 책을 읽다보면 '일찍 그리고 깊게' 잠들 수 있다. 일찍 잠들 수만 있다면 일찍 일어나는 것은 쉬워진다.

습관을 잡는 초기에는 알람만으로는 일어나기 힘들 수도 있다. 그럴 때는 가족의 도움이라도 받아야 한다. 깨워달라고 부탁하는 방법도 있지만 별로 추천하지 않는다. 가족에게 깨워달라고 부탁하는 것은 서로 사이가 나빠지는 지름길이기 때문이다. 그 대신 제시간에 일어나지 않으면 '어떤 불이익'을 받도록 가족과 약속을 하는 방법이 있다. 10분 늦게 일어날 때마다 벌금을 천 원씩 낸다든가, 전날 밤에 '보증금'으로 내 돈 만 원을 화장실에 붙여놓고, 내가 제 시간에 일어나서 그 돈을 떼어 가지 않으면 엄마가 그 돈을 가져가 버리는 식의 규칙을 만드는 것도 효과가 있다.

물론 만 원이 아까울 수도 있겠지만 내가 잠으로 허비해버리는 아침 공부시간은 돈으로 값을 매길 수 없을 만큼 귀중한 가치가 있다. 그 사실을 기억한다면, 습관을 들이기 위해 쓰게 되는 몇 만 원이 그렇게 아까운 것도 아니다.

## 3. 시험기간에 커피를 마셔도 되나요?

누구나 시험을 앞두고 밤샘공부를 하기 위해 커피를 마셔본 경험이 있을 것이다. 커피에 들어 있는 카페인은 중추신경을 자극해서 각성효과를 일으킨다. 즉, 잠을 쫓는 효과가 있다는 말이다. 그 외에도 커피는 몇 가지 좋은 점이 있다. 일단 커피 속에 들어 있는 당분이 뇌에 에너지를 공급해준다. 게다가 커피의 따뜻함이 공부로 인한 긴장을 푸는 데 도움이 되기도 한다.

그러나 커피로 인해 생기는 부작용이 만만치 않다. 일단, 카페인 성분 때문에 잠을 깊게 자지 못하게 된다. 연구 결과에 의하면 커피를 마셔도 잠이 잘 온다는 사람들도 수면의 질이 매우 떨어지는 것으로 드러났다. 또한 과다한 카페인 섭취는 두뇌 발달에 악영향을 미치고 성격도 신경질적으로 변하게 만든다고 한다. 그뿐만이 아니다. 커피에 들어있는 카페인은 위산의 과다분비를 촉진시킨다. 커피를 마시고 나서 속이 쓰린 이유는 이 때문이며, 계속 섭취할 경우엔 위염이나 위궤양에 걸릴 위험이 증가한다.

결국 커피는 공부하는 사람에게는 득보다 실이 많은 음식이라고 생각한다. 커피뿐만 아니라 카페인이 포함되어 있는 콜라 등의 탄산음료도 마찬가지다. 처음에는 잠을 쫓기 위해 마시지만, 자주 마시다보면 중독이 되어서 나중에는 몇 잔을 마셔도 잠은 잠대로 오고 몸만 망치게 된다. 그러니 공부하는 학생이라면 커피는 되도록 피하는 것이 좋다. 굳이 뭔가를 마시고 싶다면 허브 차를 마시는 것이 건강에도 좋고 숙면에도 도움이 된다.

# “자습시간이 턱없이 부족해요”

학생들과 상담을 하다보면, “공부할 시간이 부족해요!”라는 하소연을 자주 듣는다. 하긴, 하루 수업이 끝나면, 자기 스스로 공부할 수 있는 시간은 서너 시간에 불과할 것이다.

빨리 집에 가서 쉬고 싶은 학생이야 긴 시간으로 느껴지겠지만, 성적을 올리고 싶은 대부분의 성실한 학생들에게 서너 시간은 너무나 짧다. 학교숙제만 하다보면 훌쩍 지나가버리는 시간이다. 영어 수학 선행학습은커녕, 남들 다 보는 문제집을 따라 볼 시간도 나지 않는다. 그렇다고 영어 수학 공부를 많이 한 것도 아니다. 몇 시간 동안 수학문제 몇 개, 영어지문 몇 개밖에 못 볼 때도 많다. 지금보다 잠을 더 줄여야 하나? 공부할 시간은 왜 이렇게 부족한 것일까?

혹시 여러분이 '공부시간이 부족하다.'라는 생각을 하고 있다면, 그것은 지금 뭔가 비정상적인 공부를 하고 있다는 증거다. 생각해보면 시간은 충분하다. 우리의 하루를 생각해보자. 아침 일찍 등교해서 하루 종일 공부를 하고 집에는 밤늦게야 도착한다. 그야말로 우리는 이미 '하루 종일' 공부하고 있다.

그런데도 공부시간이 부족하다고 느껴지는 이유는, 자습시간에 나만의 공부를 따로 하기 때문이다. 대부분의 학생들은 자습시간에 학교숙제를 조금 하다가, 이내 학원이나 과외 선생님이 내준 숙제를 한다. 또는 내가 스스로 보는 문제집을 푼다. 그렇지만 그렇게 공부해서 이제까지 성적이 올랐던가? 그건 불안함을 달래는 공부일 뿐이다.

자습시간에 자기 공부를 해도 좋은 학생은 최상위 그룹뿐이다. 최상위권이 아닌 학생들은 자습시간에 '학교수업을 복습하는 공부'를 해야 한다. 그래야 시간에 쫓기듯 공부하지 않으면서도 성적을 올릴 수 있다.

방법은 간단하다. 수업시간에 필기한 것을 보며 배웠던 내용을 떠올려본다. 필수적으로 외워야 하는 것을 몇 개 외우고, 관련된 문제를 풀어본다. 이 정도로 충분하다. 귀찮을 수는 있어도 어려운 것은 절대 아니다.

다만 수업복습은 반드시 '당일'에 해야 한다. 아직 기억이 머릿속에 남아 있을 때 되새김질을 해주어야 한다. 내일이면 사라져버릴 수도 있는 지식들이, 그날 저녁에 다시 한 번 복습을 하는 것만으로도 오랫동안 기억창고에 저장되는 것이다. 만약 모르는 것이 생기면 옆의 친구에게 물어보라. 바로 답이 나온다. 그 친구도 몇 시간 전에 수업을 같이 들었기 때문에 대략적으로는 기억하고 있을 것이다.

만약 모든 수업을 복습하기에 자습시간이 부족하다면, '선택과 집중'을 해야 한다. 오늘 수업에서 특히 어려웠던 부분만 복습하는 것이다. 이건 매일 달라질 수 있다. 예컨대 나는 원래 영어가 약해서 자습시간에 영어를 복습했다. 그러나 오늘의 영어수업은 쉬워서 따로 복습할 필요는 없는 것 같고, 대신 과학수업이 어려워서 오늘은 과학을 복습하는 식이다. 이렇게 그날의 자습시간마다 무엇을 얼마나 복습할지 결정하면서, 가장 취약한 부분 위주로 자습시간을 보내면 된다.

만약 복습을 끝내고 나서 시간이 남는다면 비로소 내 공부를 한다. 무엇을 공부해도 상관없지만, 보통은 약한 과목을 공부한다. 하루 공부는 이걸로 충분하다. 이렇게 공부하면 잠도 푹 잘 수 있다. 다음 날 정신이 맑고, 기분도 상쾌해진다. 성적도 점점 오른다. 얼마나 기분 좋은 학교생활인가!

마음이 약한 학생은 불안한 마음이 들 수도 있다. 나는 수업시간에 들었던 것을 반복해서 보고 있는데, 옆에 앉은 친구는 새로운 문제집을 풀고 있다? 그런 상황에서는 이런 생각도 든다. '나도 재처럼 다른 문제집을 좀 풀어봐야 하는 것 아닌가?'

그런데 이 사실을 아는가? 그 친구는 오히려 당신을 흘깃흘깃 보며 '어? 오늘 수업했던 거잖아? 나 저거 잘 모르겠던데……. 나도 저거 좀 복습해야 되는데 큰일 났네.' 하고 생각하고 있다는 것을!

# "자투리시간에 꼭 공부해야 하나요?"

"예전보다 공부를 더 했다면, 등수가 당연히 올라야 하는 거 아니에요?"라며, 열심히 했는데 성적이 오르지 않는다고 불평하는 학생이 많다. 물론 예전보다 공부를 더 했음에도 불구하고 등수가 오르지 않았다면, 본인 입장에서는 억울한 마음이 들 법도 하다.

나는 학생들로부터 그런 푸념을 들을 때마다 등을 토닥이며 위로를 해준다. 하지만 동시에 그 학생이 약간 순진하다는 생각이 들 때도 있다. 그 이유는, 경쟁자와 자신이 얼마나 벌어져 있는지에 대해서는 깊이 생각하지 않기 때문이다.

공부를 늦게 시작한 사람은 경쟁자와 자신의 차이를 항상 의식해야 한다. 늦게 시작한다는 것은 이미 경쟁자와 격차가 벌어진 상황이라는 의미다. 따라서 성적을 올리려면 뒤쳐진 공부분량을 모두 만회할 만큼 노력을 해야 한다.

예를 들어 나보다 공부를 잘하는 친구가 있다고 가정해보자. 그 친구는 지난 1년간 나보다 매일 1시간을 더 공부해왔다. 그렇다면 현재까지 친구는 나보다 약 360시간가량 공부를 더 한 셈이다. 이제 기말고사는 3개월 뒤라고 가정하자. 내가 이번 시험에서 친구를 이기려면, 나는 얼마나 공부를 더 해야 할까?

내가 만약 지금까지의 공부분량을 그대로 유지한다면, 3개월 뒤 친구는 나보다 총 450시간을 앞서게 된다. 내가 3개월 안에 친구를 따라잡으려면, 나는 적어도 친구보다 450시간을 더 공부해야 한다. 3개월만에 450시간이면, 하루에 5시간이다! 이건 하루에 5시간 동안 공부해야 한다는 뜻이 아니다. 지금보다 5시간을 '더' 공부해야 한다는 말이다. 이게 가능할까? 하루에 1시간 더 하기도 힘든데, 5시간을 더 해야 한다니!

우리의 하루는 24시간밖에 없다. 그렇다고 잠을 줄이면 공부효율은 오히려 떨어진다. 결국 무엇이 남는가? 당신이 노려야 할 것은 자투리 시간뿐이다.

친구는 나보다 단지 1시간 더 공부해왔을 뿐인데, 그 차이는 이렇게 따라가기 힘들만큼 벌어져버렸다. 이것이 남들보다 '조금' 더 하는 공부의 무서움이다. 하지만 좌절할 필요는 없다. 이것을 바꾸어 말하면, 남들이 노는 시간에 내가 1시간 더 공부하면 아무도 쉽게 나를 따라오지 못한다는 말이기도 하기 때문이다.

자투리시간에 공부해봐야 얼마나 공부하겠냐는 학생들이 있다. 그러나 완벽한 환경이 아니면 공부를 하지 못하는 학생, 집중력이 약한 학생일수록 자투리시간을 활용한 공부가 필수다. 자투리시간에 공부를 하게 되면 집중력이 높아지기 때문이다. 생각해보라. 수업시간 도중 선생님이 농담하는 시간도 자투리시간이다. 이런 때도 놓치지 않고 공부하려고 노력하는 학생은 몇 년 뒤엔 놀라운 집중력의 소유자가 되어 있을 것이다.

수첩은 필수다. 언제 어디서 자투리시간이 생길지 모른다. '공부를 잘하려면 책을 손에서 놓지 말라.'는 말은, 도서관에만 붙어 있으라는 말이 아니다. 바로 자투리시간을 활용하라는 것이다. 언제 어디서도 공부할 수 있도록 '항상 공부거리를 손에 들고 다니라.'는 말이다. 조금이라도 시간이 날 때마다 수첩을 펼쳐라. 쪽팔려할 필요는 전혀 없다. 친구들이 겉으로는 당신을 공부벌레라며 놀리겠지만, 속으로는 당신을 두려워하고 존경할 것이다.

남들은 나에게 "어떻게 한 학기 만에 꼴찌에서 1등이 됐나요?"라고 자주 묻는다. 비결은 간단하다. 나는 앞에서 얘기했던 그 '다섯 시간'을 다 채웠다. 아니, 그 이상을 공부했다.

지금부터 말하는 건 나의 생활이 이랬다는 것일 뿐, 반드시 이대로 하라는 것은 아니다. 이대로 하면 성적은 당연히 오르겠지만, 정신적으로 과부하가 걸리는 학생이 생길 수 있으며, 육체적인 건강에 무리가 올 수도 있다. 그냥 읽어보면서 '아, 이런 시간도 자투리시간이 될 수 있겠구나.' 정도로 생각하고, 자신의 상황에 맞게 응용하면 될 것이다.

1. 새벽에 알람을 왼손으로 끄는 것과 동시에 오른손으로는 오디오를 켠다. 온 집 안에 울려 퍼지는 영어듣기를 들으면서 아침을 먹고, 머리를 감고, 교복을 입는다.(+30분)
2. 대문을 나서는 동시에 주머니에서 영어단어장을 꺼낸다. 산길을 따라 버스정류장까지 걸어 내려가는 동안 단어를 외운다.(+30분)
3. 시외버스에 앉자마자 클립보드를 무릎 위에 올린다. 수학문제를 풀어야하기 때문이다.(+60분)
4. 친구들이 하나둘씩 어수선하게 교실에 도착하는 시간, 그러나 나는 이미 자리에 앉아 공부를 하고 있다.(+60분)
5. 아침 조회시간에 담임선생님이 웃긴 농담을 해도 나는 알아채지 못한다. 1교시 예습에 빠져 있기 때문이다.(+10분)
6. 강당에서 교장선생님의 말씀이 있을 때는 단어장을 가지고 나간다.(+20분)
7. 쉬는 시간마다 방금 전 수업의 복습과, 다음 수업의 예습을 한다. (10×6= +60분)

8. 수업시간마다 선생님이 농담하는 시간은 대략 10분이다. 당연히 그 시간에도 공부한다.(10×6= +60분)

9. 식사시간에도 공부를 한다. 처음에 나는 밥을 먹으면서도 한 손에는 숟가락을, 다른 손에는 단어장을 들었다. 하지만, 같이 밥을 먹던 친구들이 썩은 표정으로 외쳤다.

"야야, 그건 좀 아니다! 우리가 다 쪽팔리잖아!"

나는 같이 밥 먹는 친구들을 '배려(?)'해주기로 했다. 그래서 4교시가 끝나기 전에 어려운 수학문제를 하나 외웠다. 밥을 먹으면서, 머릿속으로는 그 수학문제를 풀었다. 이건 정말 쉬운 일이 아니었다. 머릿속으로 계산하려니 미칠 지경이었다. 간단한 두 자릿수 곱셈도 한참 걸렸다. 하지만 점심, 저녁 하루에 두 번씩 그렇게 공부를 하면서 아이큐가 약 30정도는 더 높아졌을 것 같다.

그 당시의 친구들을 지금 만나면, 친구들은 그때 일을 떠올리며 웃는다. 그러면서 밥을 먹는 시간이 내가 유일하게 공부를 안 하는 때였다고 말한다. 하지만 지금 고백하건대, 나는 밥을 먹는 그 순간에도 공부를 하고 있었다.(50×2= +100분)

10. 체육시간도 공부를 할 수 있다. 축구공을 차면서, 바로 전 영어시간에 배웠던 단어들의 뜻과 스펠링을 기억해 본다. 축구는 나에게 공이 올 확률이 $\frac{1}{11}$밖에 안 된다. 따라서 몸은 운동장에 가만히 서 있어도, 머리로는 공부를 할 수가 있다.(+50분)

여기까지만 해도 전부 몇 시간인가? 아직 야간 자율학습은 시작되지도 않았다. 그런데도 나는 이미 남들보다 무려 8시간이나 앞서 있다. 내가 '비둘기 머리'가 아닌 이상 성적이 오르지 않는 것이 더 이상하지 않겠는가? 솔직히 말해서, 이렇게 공부하면 학원도 필요 없고 과외도 필요 없다. 자투리시간만 활용해도, 저녁 먹기 전까지 남들보다 8시간이나 앞서는데, 이 정도라면 그 누구도 쉽게 따라올 수 없다.

자투리시간을 버리고 성적을 올리기는 '하늘의 별따기'다. 이 표현이 너무 진부해서 와닿지 않는다면 이렇게 바꿔보자. 자투리시간을 버리고 성적을 올리기는 '로또 복권에 당첨된 사람이, 접시에 담긴 물에 빠져 죽었다가, 벼락 맞고 다시 살아나는 것'보다 어렵다.

체력은 필수다. 이렇게 공부하면 저녁 9시쯤만 되어도 체력의 한계가 느껴지기 때문이다. 나는 밤만 되면 몸이 으슬으슬 떨리고 허리는 끊어질 것 같았다. 야간자습을 거의 강제로 시켰던 학교를 다니는 덕분에 10시까지는 아직 1시간이나 더 버텨야 했다.

독자들도 알다시피, 나는 꼴찌 출신 1등이다. 근본은 '농땡이'인 것이다. 결국 그때 버릇 못 버리고, "에라, 모르겠다. 설마 1등을 두들겨 패겠냐?" 하고 몰래 집으로 도망친 적도 많았다. 친구들은 반 1등이 제일 먼저 사라진다고 무척 신기해했다. 한번은 9시쯤에 집에 가려고 주섬주섬 가방을 싸다가 어떤 선생님한테 딱 걸린 적이 있었다.

"너 이 녀석, 지금 뭐 해? 집에 가려고? 이름 뭐야!"

옆에 있던 친구가 말했다.

“우리 반 1등인데요.”

“그럼 모범을 보여야지. 제일 먼저 도망가?”

그러자, 어떤 친구가 선생님에게 이렇게 말했다.

“선생님. 재 좀 제발 집에 가라고 해주세요. 재 때문에 교실 분위기가 너무 답답합니다.”

여기저기서 “맞아요.” “좀 가라 그래요.”라는 소리가 터져 나왔다. 선생님은 ‘이게 뭐지?’ 하는 표정을 지으며 나를 쳐다보셨다. 주변 친구들이 선생님에게 내가 하루 종일 꼼짝 않고 공부하는 것 때문에 쳐다만 봐도 스트레스 받고 숨 막혀 죽겠다며 투덜댔다.

그 후로 변화가 생겼다. 나는 ‘내가 원할 때’ 집에 갈 수 있게 되었다. 물론 공식적으로 허락받은 것은 아니었다. 그러나 감독 선생님들이 나를 보고도 못 본 척하셨고, 내가 집에 가는 시간만 되면 ‘잠시’ 복도에서 자리를 피해주셨다. 그걸 보면, 아마도 선생님들이 암묵적으로 배려를 해주셨던 것 같다. 덕분에 나는 밤 9시에 눈치보지 않고 집에 갈 수 있었다.

어쨌든 나는 집에 도착하면, 교복도 벗지 못하고 쓰러져서 ‘시체처럼’ 잠들었다. 그때가 밤 11시다. 그렇다. 나는 ‘일찍’ 그리고 ‘푹’ 잤다. 그래야 다음 날도 그렇게 공부할 수 있기 때문이다.

시험마다 등수가 수십 등씩 올랐다. 미친 듯이 공부하니, 성적도 미친 듯이 올랐다. 너무 빠르게 올라서 왠지 무서워질 정도였다. 어떻게 한 학기 만에 꼴찌에서 1등이 됐는지 궁금한가? 그 대답은 아래의 질문으로 대신하고 싶다.

"당신의 하루는 남보다 몇 시간 앞서고 있나요?"

# "공부와 휴식의 비율은 어떻게 잡나요?"

인간의 몸은 기계가 아니다. 높은 공부효율을 위해서라도 적당한 휴식은 반드시 필요하다. 그렇다면 과연 얼마나 쉬어야 할까? 누군가는 50분 공부–10분 휴식이라고 말한다. 그런가 하면 다른 이는 주중에는 열공–주말에는 휴식이라고 말한다.

그런데 생각해보자. 재미있는 게임을 할 때, '1시간 게임할 때마다 10분씩 쉬자.'라고 생각했던 적이 있는가? 애니메이션이나 영화, 드라마를 보면서, '한 편 볼 때마다 20분씩 쉬어야겠다!'라고 생각했던 적이 있는가? 아마 없을 것이다.

그런데 왜 우리는 공부를 하면서는 '얼마나 쉬어야 하지?'란 궁금증이 생길까? 혹시 내가 공부가 지겨워서 '어떻게든 쉬려고'만 하는 건 아닐까? 만약 그런 경우라면, 휴식의 방법보다는 공부의욕에 관한 방법이 더 중요할 수도 있다. 이때는 이 책의 「Part4 의욕관리」의 내용이 도움이 될 것이다.

반면, 의욕이 없는 경우가 아니라 정말로 '휴식하는 방법' 자체가 잘못되어 성적이 오르지 않는 경우가 있을 수 있다. 여기서 이야기하려는 것이 바로 이 경우다. 어떤 학생은 휴식이 아닌 것을 휴식이라고 착각하거나, 혹은 상위권의 휴식 방법을 어설프게 흉내 내는 경우가 있다. 그런 식으로 제대로 휴식하지 못하면, 고생은 고생대로 하고 성적은 오르지 않는다. 반면 효율적으로 휴식하는 법을 알면, 공부의 집중도가 높아지고 성적도 자연히 오른다. 그런 진짜 휴식의 원칙에는 어떤 것들이 있을까? 아래의 네 가지 원칙을 기억하면 된다.

## 1. 앉아 있는 습관부터 들여라

평소에 공부를 많이 하지 않는 학생은 자리에 앉아 조금만 책을 들여다보아도 미칠 것 같은 기분이 들 것이다. 그러나 공부에 익숙한 학생은 두 세 시간 정도는 휴식 없이 계속 공부할 수 있다.

이처럼 휴식시간은 사람마다 다르고 개인의 공부습관에 따라 다르다. 그래서 일률적으로 가장 좋은 휴식시간과 공부시간의 비율을 정할 수는 없다. 너무 자주 쉬면 앉아 있는 습관이 붙지 않고 집중력도 길러지지 않는다. 그렇다고 쉬지 않고 계속 공부만 했다가는, 어느 정도 시간이 지나면 집중도 되지 않고 진도도 나가지 않는다.

그 중간쯤에 해당하는 지점을 찾는 것이 중요하다. 몇 번의 시도를 통해 자신에게 적당한 공부시간과 휴식시간의 비율을 찾아야 한다. 그 후에는, 그 지점을 조금씩 뒤로 미루라. 그렇게 공부시간을 늘리는 훈련을 해야 한다.

나 같은 경우엔 처음에는 30분도 안 돼서 쉬어야 했다. 그러나 쉬고 싶다고 해서 무조건 쉬었던 것은 아니다. 5분만 더, 10분만 더 하며 휴식을 뒤로 미루는 연습을 했다. 그렇게 하다보니 나중에는 몇 시간 동안 계속해서 집중하는 것이 가능해졌다. 일단 그렇게 습관을 들이고 나니 나중엔 쉬는 것이 오히려 귀찮게 느껴졌다.

버티는 것이 중요하다. 집중이 안 되니까 좀 쉬는 게 낫겠다 싶더라도, 조금만 더 버텨보라. 일단 앉아 있는 습관이 확실하게 붙으면 집중력도 자연히 늘어나게 된다.

## 2. 공부시간과 휴식시간에 너무 집착하지 마라

게임 고수들을 보라. '세 시간 게임했으니 10분 쉬어야지.' 이렇게 일일이 생각하고 계획하는 사람은 거의 없다. 그냥 재미있으니까 계속하는 것이고, 힘들면 잠시 등을 뒤로 기대 휴식을 취한다. 그러다가 피곤해지면 집에 가서 자고, 다시 눈을 뜨면 게임을 하는 것이다. 그러다 정신 차려보면 어느새 자기도 모르게 게임 고수가 되어 있다.

공부도 같은 것이다. 재미를 느끼게 되면 계속하는 것이고, 중간에 너무 힘들면 그때 잠시 쉬는 것이다. 그러다가 피곤해지면 자는 것이고, 다시 눈을 뜨면 책을 손에 잡는 것이다. 휴식시간을 언제 얼마나 잡아야 할지 너무 집착할 필요는 없다. 올바른 방법으로 공부를 하다보면 공부에 재미가 붙게 되고, 자연스레 나에게 맞는 공부와 휴식의 비율도 잡힌다.

## 3. 스마트폰, 컴퓨터, TV는 휴식이 아니다

휴식을 할 때 스마트폰을 만지거나, 컴퓨터 게임을 하거나, TV를 보는 경우가 있다. 어차피 쉬는 시간이니까 뭘 하든 괜찮은 것일까?

결론부터 말하면 괜찮지 않다. 이유는 '정향반응' 때문이다. 정향반응이란, 내 주위에서 뭔가 급격하고 중요한 변화가 일어났을 때 우리의 몸이 '큰일 났다.'고 느끼면서 온 신경을 그쪽으로 집중하는 반응을 말한다. 이 정향반응 덕분에 우리는 생사의 갈림길에서 살아남기도 한다. "빵빵" 하는 경적소리에 깜짝 놀라 뒤를 보니 자동차가 달려오고 있어, 재빨리 옆으로 피한 경우를 생각하면 된다.

문제는 정향반응은 생존을 위한 비상수단이라서, 이것을 쓰는 데는 정말 많은 에너지가 소모된다는 사실이다. 우리가 간발의 차이로 자동차를 피하고 나면, 왠지 기운이 쭉 빠지거나 어지럽다고 느끼는 것이 이 때문이다.

이런 정향반응을 몇 초에 한 번씩 계속해서 발생시키는 신기한 기계가 있다. 바로 TV다. 별 내용도 없는 광고화면에서 우리가 눈을 쉽사리 떼지 못하는 것은, TV라는 기계가 우리 몸으로 하여금 '뭐야? 큰일 난 거야?'라고 느끼는 정향반응을 유도하기 때문이다. 그래서 TV를 보고 나면 휴식이 되어 다시 공부하고 싶어지는 것이 아니라, 오히려 몸이 피곤해지고 잠을 자고 싶어지는 것이다.

컴퓨터와 스마트폰도 정향반응을 일으킨다. 우리가 이 기계들을 좀처럼 끄지 못하는 이유는, 뭔가 조금씩 계속해서 바뀌는 화면의 작은 변화들이 우리 몸으로 하여금 정향반응을 일으키기 때문이다. 정향반응은 에너지를 많이 소모하는 일이라, 휴식이 되는 것이 아니라 오히려 휴식을 필요로 하는 작업이다. 휴식을 하겠다며 스마트폰 게임을 했는데, 오히려 그 후에 맥이 풀려버리고 공부가 잘 안 되는 이유가 그 때문이다.

휴식이란, 공부와 공부 사이에 5~15분 정도의 시간을 두고 쉬는 것을 말한다. 영어로는 'break time'이다. 공부와 공부 사이, 혹은 일과 일 사이에 잠시 쉬어가는 시간이다. 반면에 앞에서 나열한 것들은 'break time'이 아니라 'leisure'라고 불리는 것들이다. 휴식이 아니라 일종의 여가생활이고 그냥 노는 것이다.

스마트폰이나 컴퓨터, TV는 휴식과는 상관없는 것들이고, 공부를 해야 할 체력과 집중력을 갉아먹는 것들이다. 정향반응을 일으키고, 몸을 피곤하게 만들며, 공부하기 싫어지게 만든다. 나 역시 이런 것에 손을 대고 나면, 공부할 때 생생한 잡념으로 떠올라서 하루가 힘들어진 경우가 많았다.

오해하지 마라. 나는 지금 '전혀 놀지 말라!'고 말하는 것이 아니다. 다만 구분을 해주라는 것이다. 공부를 하는 중간에는 휴식만을 하고, 노는 것은 공부를 모두 끝낸 뒤에 해야 한다.

## 4. 효과적인 휴식방법들

나는 휴식시간에는 평소에 읽고 싶던 책을 주로 읽었다. "휴식시간에도 책을 보다니, 그럼 머리가 쉬지 못하잖아요?"라고 말하는 사람도 있을 것이다. 그러나 앞에서 말했듯이 사람의 뇌는 무엇을 하느냐에 따라 사용되는 부위가 다르기 때문에 상관없다. 예컨대 수학문제를 풀고 나서 독서를 하면, 그동안 수학문제를 풀던 뇌의 부위는 휴식을 취한다. 휴식을 취하면서 책에 있는 지식을 흡수하고 독해력까지 키울 수 있으니 일석삼조의 효과를 누릴 수 있다.

가벼운 운동도 좋은 휴식방법이다. 운동을 하고 나면 흘러내리는 땀과 함께 하루 종일 따라다니던 잡념이 사라져버리는 경우가 많다. 또 운동을 꾸준히 하면 판단력도 좋아져서 공부를 할 때나 어떤 일을 결정할 때 훨씬 현명하게 처리할 수 있다. 온종일 앉아만 있어 찌뿌둥하던 몸도 다시 활기를 얻고, 공부를 꾸준히 할 수 있는 기초체력까지 기를 수 있으니 이것 역시 일석삼조의 효과다.

그 밖에 ① 눈감고 가만히 있기, ② 아무 생각 없이 창밖을 바라보기, ③ 친구와 가벼운 수다 떨기, ④ 학교 복도나 도서관 주위 걷기, ⑤ 음악 듣기, ⑥ 스트레칭, 이 정도의 활동들이 모두 추천할 만한 휴식들이다.

# "오늘 **못 끝낸** **공부**는 **언제** 해야 하나요?"

예컨대 오전에는 수학을 공부하기로 했다. 그런데 실제로 해보니 목표량의 절반밖에 못했는데도 오전이 지나버렸다. 이럴 때 어떻게 해야 할까? 오후에 나머지 부분을 해야 할까? 아니면 오후에 공부하기로 예정된 영어를 해야 할까? 90퍼센트 이상의 학생들은 수학을 계속한다. 물론 영어도 해야겠지만, 못 끝낸 수학의 나머지 부분에 대한 아쉬움과 불안감 때문에 그대로 책을 덮을 수가 없는 것이다.

물론 애초에 계획을 세울 때 내가 당연히 지킬 수 있는 만큼만 계획을 짠다면 이런 일이 발생할 가능성이 확실히 줄어들 것이다. 그러나 그렇게 계획을 짰음에도 불구하고 이런 일이 벌어지면 어떻게 해야 할까? 예컨대 내가 일주일에 800페이지 읽기를 목표로 잡았다. 그래서 위의 원칙에서 말한 대로 800페이지만 목표로 잡았다. 그런데 수요일, 토요일 등의 완충장치를 모두 사용했음에도 불구하고, 일요일이 되도록 700페이지밖에 못했다면 나머지 100페이지는 언제 해야 할까?

간단하다. 그 100페이지는 포기해야 한다. 이유는 다음과 같다.

첫째, 계획을 지키지 못했다고 해서 그것을 다음 주로 미루게 되면 마음이 나태해진다. 계획은 감정을 유지하기 위한 것이다. 내가 이것을 못 지켜도 나중에 계획을 수정해서 하면 된다는 신호를 스스로에게 주게 되면 우리의 몸은 '오호, 그렇단 말이지? 그럼 지금 굳이 집중해서 할 필요는 없겠네?'라고 생각하게 된다. 계획을 수정하는 것은 그런 나태한 감정을 유발시킨다.

둘째, 포기한다는 것이 일종의 제재가 된다. 공부를 빠르게 끌고 가려면 스스로 보상과 제재를 설정해야 한다. 당근과 채찍을 스스로 만들어서 계획을 달성하면 보상을 주고, 계획을 못 지키면 제재를 해야 공부가 쉬워진다. 그런데 둘 중에 하나만 있으면 안 된다. 예컨대 계획을 다 지키면 그 보상으로 저녁에 만화책 한 권을 보겠다는 계획은 분명 좋은 전략이다. 그러나 이렇게 보상만 있으면 공부하기가 싫어질 때 '에이, 그냥 만화책 따위 안 보고 말지. 만화책도 안 보고 공부도 안 할 거야!'라는 생각에 빠져버린다. 그래서 계획을 지키지 못했을 때의 벌도 준비해두어야 한다. 내 경험상 가장 강력한 벌은 '포기하는 것'이었다. '공부하기 싫어? 네가 지금 안 하면 이 부분은 앞으로 볼 기회 없어! 끝이야.' 이런 신호를 스스로에게 주는 것이다. 그래야 긴장감을 가지고 공부하게 된다.

셋째, 전체 계획이 도미노처럼 쓰러지는 것을 방지하기 위해서다. 공부 계획은 마치 도미노와 같아서, 하나가 쓰러지면 그 뒤가 모두 쓰러진다. 한 번 밀리면 계속 밀리게 되는 데다, 이미 끝냈어야 할 공부를 붙들고 있는 것만큼 하기 싫은 것도 없다. 계획은 감정을 위해서 짜는 것이라는 원칙이 여기서도 적용된다. 예컨대 똑같은 공부라 하더라도 오늘 해야 할 것을 다 해서 내일 공부할 것을 미리 당겨서 하는 것과(그럼 이제 내일은 놀 수 있다!), 계획이 밀려서 어제 끝냈어야 할 공부를 오늘 하는 것은 감정의 상태가 완전히 다르다. 후자의 공부는 하기도 싫고 집중도 안 된다. 따라서 계획이 밀리는 것은 목숨을 걸고 막아야 할 일이고, 그러기 위해서는 중간에서 위태하게 흔들리는 도미노를 빠르게 걷어내야 한다.

나는 예전에 확률과 통계 부분을 공부하면서, 시험 전에 이 부분을 볼 수 있는 마지막 기회라고 생각했다. 그러나 밤이 되고 자습이 끝나갈 시간이 되었지만, 계획을 지켜내지 못했다. 남은 부분은 불과 두세 장이었다. 1시간만 더 주어진다면 끝낼 수 있는 분량이었다. 방법은 간단했다. 1시간만 늦게 자면 될 일이었다. 그러나 그러지 않았다. 그건 잠을 줄이면 다음 날 집중도가 떨어진다는 원칙 때문이기도 했지만, 더 중요한 이유는 밀린 공부를 포기하지 않으면 끝도 없이 밀린다는 것을 알고 있었기 때문이었다. 물론 억울했다. 인정하기가 싫었고, 계획을 지켜내지 못해 이런 사태를 만든 내 스스로에게 너무나 화가 났다.

다음 날 그 '분노'를 가지고 그날 해야 할 공부에 완전히 집중했다. 덕분에 그날 계획된 공부를 모두 끝내고도 무려 3~4시간의 여유가 생겼다. 이제 비로소 나는 어제 못 한 그 부분을 펼쳤다. 그때의 행복감은 말로 다 할 수가 없다. 다시 한 번 기회가 온 것이다. 마치 변심한 애인의 집 앞에서 비를 맞으며 하염없이 기다리고 있는데, 그녀가 우산을 들고 나와 내 마음을 다시 받아준 것 같은 상황이랄까?

비록 공부를 덜 했더라도, 계획된 마감시간은 반드시 지켜져야 한다. 필요하다면 한 과목을 하루 종일 공부해야 할 때도 있다. 그러나 그것은 미리 계획을 세운 것이어야 한다. 계획에 의하면 오전에는 수능국어, 오후에는 수능영어를 공부하기로 되어 있는데, 점심시간이 끝나도록 수능국어를 끝내지 못했다면? 그럴 때는 수능국어를 덮고 수능영어로 넘어가는 것이 옳다. 내가 미처 끝내지 못한 부분에서 시험문제가 출제되면 어떻게 하냐고? 내 말은 그건 감수하라는 소리다.

예전에 한 학생을 가르친 적이 있었는데, 처음에 그 학생을 보았을 때는 눈빛에서 이미 실패자의 나태함과 흐리멍덩함이 느껴졌다. 히죽히죽 웃는 얼굴로 "공부는 그냥 내가 하고 싶을 때 해야 하는 것 아니에용?" 같은 말을 자주 내뱉던 학생이었다. 나는 그 학생을 데리고 도서관에 가서 모의고사를 치르게 했다. 수능국어를 시작하기 전에 미리 일러두었다.

"실전과 똑같이 칠 거야. 시험시간은 듣기를 포함해서 70분이고, 그 시간이 초과되면 답안지를 걷지 않고, 매기지도 않겠어. 그럼 0점이야."

그 학생은 '뭐, 그러시든가!' 하는 표정을 지으며 문제를 풀기 시작했다. 시간이 흘러 60분이 지났다. 나는 실전수능에서 하는 것처럼 "10분 남았습니다."라고 말해줬다. 그동안 여유 있게 문제를 풀던 학생이 다급해했다. 그리고 예정된 70분이 모두 지났을 때 내가 말했다.

"끝났어. OMR답안지 어서 내놔."

"쌤! 덜 풀었어요! 10분만 더 풀게요."

"그딴 거 없어. 내놔."

"아, 진짜. 쌤! 제발요!"

나는 정확히 10초를 센 뒤에, OMR답안지를 뺐었다. 그러고는 그 학생의 눈앞에서 그 답안지를 찢어버렸다. '이게 무슨 시추에이션이지?' 라는 표정으로 바라보는 학생에게 말했다.

"내가 이 모의고사를 친 이유는 사실 뭔가를 공부시키려고 한 게 아냐. 해이해져 있는 네 마음자세를 바로잡기 위해서 시험을 친 거야. 네가 방금 답안지를 뺏겼을 때 느꼈던 그 감정을 항상 잊지 말고 기억해둬라. 그리고 언제나 그 감정을 떠올리면서 공부해라. 그러지 않으면 너한테 성공은 절대 없을 거다."

몇 초 동안 아무 말도 못하며 뭔가를 곰곰이 생각하던 그 학생의 눈빛이 서서히 변하기 시작했다. 히죽거리던 웃음은 사라지고 입술을 굳게 다물고 눈빛은 날카로워졌다. 내가 무슨 말을 하는지 알아들을 만큼은 똑똑했던 학생이었다. 그리고 몇 개월 뒤 실전수능에서, 평소 자신이 받아오던 점수에서 2~3등급씩 오른 성적을 받은 그 학생은 자신의 목표보다 좋은 학교에 합격했다.

# “시험이 닥쳐야 제대로 공부하게 돼요”

혹시 『대지』라는 소설을 읽어보았는가? 펄 벅이라는 작가가 쓴 이 소설은 1931년에 출판되어 1935년에는 퓰리처상을 받았다. 펄 벅은 1938년 노벨문학상을 수상했다. 안 읽어본 사람은 꼭 한번 읽어보기를 권한다. 소개할 장면은 주인공 '왕룽'이 자신의 신부를 집으로 데려오는 장면이다.

참고로 소설의 배경은 근대화가 시작된 중국이고, 주인공 왕룽은 가난한 소작농이다. 왕룽은 나이가 차서 결혼을 하기로 하는데, 마을 지주 집에서 여종으로 지내던 '아란'을 돈 주고 사오기로 결정한다. 지주 집에서 아란을 데리고 나와, 자신의 집으로 돌아가는 길. 왕룽은 앞장서고,

이제 가난한 농부의 아내가 된 아란은 왕룽을 뒤따라 걷고 있다. 문득 왕룽이 길가의 노점상에서 복숭아를 여러 개 산다. 그리고 아란과 나누어먹는다. 재미있는 건 그다음 장면이다. 앞서 걸어가는 왕룽은 신나게 복숭아를 먹고는 그 씨를 길가로 '툭툭' 뱉는다. 그러자 뒤따라 걷던 아란이 깜짝 놀란다. 그리고 황급히 뛰어간다. 왕룽이 뱉은 그 복숭아씨를 도로 줍기 위해서다. '왜 남편은 복숭아씨를 함부로 버릴까? 이 씨앗을 땅에 심으면 복숭아가 열릴 텐데…….' 이것이 아란의 생각이었다.

복숭아씨를 뱉으면서 앞서 걸어가는 왕룽과, 그 뒤를 따라가며 허리를 굽혀 복숭아씨를 줍는 아란. 나는 이 장면이야 말로, 『대지』라는 소설의 줄거리를 압축해서 보여주는 명장면이라고 생각한다. 아란은 지혜로운 여자였고, 가치 없어 보이는 복숭아씨를 보면서 탐스러운 복숭아나무를 상상할 수 있던 여자였다. 소설의 뒷부분에 나오지만 이 성실하고 지혜로운 아란 덕분에 이들은 훗날 큰 부자가 된다.

하찮은 복숭아씨마저도 아까워하는 태도가 아란에게 부유함을 가져다준 것처럼, 빠르게 성적을 올리는 방법도 무의미하게 버려지는 시간을 얼마나 아까워하는지에 달려 있다. 남들이 모두 버리는 복숭아씨 같은 시간이 언제가 있을까? 바로 시험이 끝난 직후다. 시험 준비는 시험 일정이 발표되는 순간 시작하는 것이 아니다. 중간고사가 끝나는 순간부터 기말고사의 카운트다운은 시작되고, 만약 당신이 성적을 올리고 싶다면 모두들 버리는 그 시간을 절대 놓쳐서는 안 된다.

‘시험이 끝났으니 좀 쉬어야 하지 않겠어?’라고 생각하는 사람은 그저 평범한 사람에 머물고 만다. 그렇다고 한숨을 쉴 필요는 없다. 단 1시간! 단 1시간만 공부해도 좋다. 공부의 끈을 놓지만 않으면 된다. 중간고사 시험이 끝난 뒤에 곧바로 놀러가는 사람보다, 독서실로 향하는 사람이 성적이 오를 수밖에 없는 세 가지 이유가 있다.

첫째, 남들보다 시험 준비 시간이 많아진다. 시간은 얼마만큼의 가치가 있을까? 만약 5분 뒤에 시험이 치러지는데, 아직도 암기할 것이 한참 남았다면? 아마 돈을 주고서라도 시간을 사고 싶을 것이다. 그렇게 아까운 시간을 당신은 지금 ‘흥청망청’ 쓸 수 있는 것이다.

둘째, 공부하던 관성이 계속 유지되기 때문에 공부효율이 높아진다. 남들은 중간고사가 끝났다며 마치 내일 세상이 망할 것처럼 놀아댄다. 하지만 그렇게 며칠 놀다가 다시 공부하려면 그게 더 힘들다. 며칠 동안 공부에 손을 놔버리면 나중에 처음부터 다시 시작해야 한다. 비효율적인 공부가 될 수밖에 없고 성적은 항상 제자리다.

셋째, 자신감이 생긴다. 남들이 다 놀 때 나는 이렇게까지 다음 시험을 위해 준비하고 있다는 사실이 뿌듯한 자신감을 가져다주는데, 그런 자신감이 있는 사람은 웬만한 어려움이나 좌절에 굴하지 않고 끈기 있게 이 지겨운 공부를 계속할 수 있는 힘을 얻게 된다.

이때 주의할 것은, 시험이 끝났어도 절대 놀지 말고 1년 365일 공부만 하라는 말이 아니라는 것이다. 공부가 힘들어서 어디론가 튀고 싶고, 놀러가고 싶다면 좋은 날을 잡아서 실컷 놀아라. 그건 절대 손해가 아니다. 사람의 머리는 스프링처럼 탄성이 있다. 그런데 공부만 하면서 계속 잡아당기면, 스프링이 망가지듯이 탄성을 잃어버리게 된다. 탄성을 잃어버린 머리로 공부를 하게 되면 눈은 책에 있는 글자를 따라 읽겠지만 머릿속에는 하나도 남아 있지 않는 상태가 된다. 머리의 탄성을 유지하기 위해서는 규칙적으로 쉬어주는 것이 필요하고, 가끔은 정신줄(?)을 놓고 노는 것도 필요하다.

그러나 그때가 시험이 끝난 직후는 아니다. 시험이 끝난 직후는 공부에 대한 감각이 최고조로 날카롭게 다듬어져 있는 상태이기 때문이다. 내가 시험 준비를 하면서 무엇이 부족했는지, 시험을 쳐보니 앞으로 어떻게 공부를 해야 이놈의 시험을 잘 칠 수 있겠는지, 어느 정도 감이 온 상태다. 이때 공부를 시작하면 앞으로의 공부방향이 뚜렷이 보인다.

'천재(혹은 우등생)는 단지 남들보다 5분 더 노력할 뿐이다.'라는 말을 많이 들어봤을 것이다. 그런데 이 말의 진정한 의미는, 단지 남들보다 조금만 더 하면 된다는 것이 아니다. 특출한 성과를 이뤄내는 사람들은, 남들이 "아싸! 이제 끝났다!"라고 외칠 때 "아냐, 아직 끝나지 않았어. 난 이 결과를 납득할 수 없어. 다음에 완벽하기 위해서는 뭔가 더 필요해!"라는 마음을 가진다는 뜻이다.

이 원리는 시험이 끝날 때뿐만 아니라 평소에 자습을 할 때도 마찬가지로 적용된다. 야간자율학습을 마치고 집에 갈 시간이 됐음을 알리는 종소리가 울리는 순간, 아이들은 "오우~예! 이제 집에 가자!"라고 외치며 좋아했다. 하지만 그때 내가 종소리를 들으면서 느꼈던 감정은 기쁨이 아니라 '억울함'이었다. 나는 아직 다 안 끝났는데, 제대로 준비가 안됐는데 오늘 자습시간은 그냥 이렇게 끝나버리고, 더 이상 나에게 기회가 없다는 사실이 억울했다. 집에 돌아가는 버스 안에서도 단어수첩을 펼치게 만든 원동력은 단순히 '지금도 공부를 할 수 있으니까 어디 해볼까?'라는 마음이 아니었다. 그런 억울함, 아직 끝나지 않았고 오히려 지금부터가 시작이라는 마음이 버스 안에서도 단어수첩을 펼치게 만들었다.

'공부는 자세'라는 말이 있다. 그 말의 진정한 뜻이 바로 이것이다. 억울함, 절박함을 가지고 있기에 남들이 끝났다고 외치는 순간, 5분 더 공부하자고 마음먹는 것이다. 그렇게 절박한 마음으로 공부를 하는 사람은 결과가 다를 수밖에 없다.

그런데 자신이 그다지 절박한 상황에 있지 않은데 어떻게 하면 그런 마음이 생길 수 있을까? 그건 절박한 것처럼 행동하면 된다. 이것은 웃기지 않아도 거울을 보면서 억지로 웃으면 이상하게 기분이 좋아지는 것과 같다. 시험이 끝나면 자신이 틀린 한두 문제 때문에 억울해하며 좀처럼 자리에서 일어나지 못하는 전교 1, 2등을 보며 재수 없다고 생각하지 말고, 여러분도 그 모습을 따라서 해보기를 바란다. 억울한 것처럼, 절박한 것처럼 행동하면 이상하게도 그런 마음이 진짜로 생긴다.

자습시간이 끝났어도 곧바로 책을 덮지 말고, 오늘 있었던 하루를 반성하고 무엇이 부족했는지 생각해보자. 수업이 끝나는 종이 울린다고 해서 '뭐야? 수업 끝났는데 왜 저 선생은 안 나가고 계속 수업질(?)이람…….' 하고 생각하는 게 아니라 '아, 제발 이대로 끝내지 마! 난 아직 제대로 배우지 않았어. 아직도 잘 모르겠어!'라는 마음을 가지자. 누누이 말하지만 공부의 시작은 제대로 된 마음가짐이다. 그런 마음으로 공부하는 사람은 머지않아 반드시 남들이 따라올 수 없는 차이를 만들어 낸다.

PART
3

# 환경관리,
저절로 공부가 되는
상황을 만들기 위한
멘토링

Q13

# "공부가 잘되는 환경이 궁금해요"

청소년은 가장 깨끗한 1급수에서만 산다는 열목어 같은 존재다. 감수성이 예민한 시기이기 때문에 환경에 큰 영향을 받는다. 이것을 이해하지 못하는 일부 어른들은 "환경이 뭐가 중요해!"라며 다그치지만 사실 환경은 대단히 중요한 요소다.

많은 학생들이 공부를 하려고 해도 몸이 따라주지 않는다고 호소한다. 이런 경우는 공부환경을 먼저 점검해봐야 한다. 주위를 점검해 적절한 공부환경을 만들고 난 뒤에는 자신의 의지로 얼마든지 집중력을 만들어낼 수 있다. 여기서는 공부가 잘되는 환경의 원칙 세 가지를 소개하겠다.

## 1. 공부하는 장소와 쉬는 장소를 명확히 구분하라

"리바운드를 제압하는 자가 시합을 제압한다!"

농구만화 『슬램덩크』에 나오는 유명한 대사다. '리바운드'란 골대를 향해 던져진 공이 골인되지 않고 튕겨져나왔을 때, 뛰어올라 그 공을 잡아내는 플레이를 말한다.

집중해서 공부를 한다는 것은, 마치 농구의 리바운드와 같다. 무작정 뛰어오른다고 해서 공을 잡을 수 있는 것은 아니다. 리바운드를 잘하기 위해서는 세 가지 원칙에 충실해야 하는데, 이것은 공부가 잘되는 환경을 만드는 법과 정확히 일치한다.

첫째, 만약 내가 '좋은 위치'를 차지하고 있다면, 당연히 공을 잡을 확률이 높아진다. 엉뚱한 곳에서 백날 기다려봐야 공은 떨어지지 않을 테니까. 마찬가지로 집중하기 위해서는 적절한 공부 장소를 정해야 한다. 학교, 집, 독서실, 도서관 등 우리 주위에는 여러 장소가 있다. 어디서 공부하는 것이 가장 좋을까?

일단, '집'이 가장 최악이다. 그 이유는 '상태의존'이라는 심리현상 때문이다. 이것은 '장소와 심리상태는 연결된다!'는 원칙이다. 예를 들어, 내가 예전에 졸업한 초등학교를 다시 찾아가보면, 그때의 추억이 새록새록 떠오르게 되고 그때의 감정도 다시 느껴지게 된다. 과거의 경험과 장소가 연결되었기에, 그 장소를 다시 찾으니 과거의 심리상태가 된 것이다.

그렇다면 집에서 우리는 어떤 심리상태가 될까? 우리는 집에서 주로 휴식을 한다. '집 = 휴식'이라는 경험을 반복한 뇌는 일단 집 안에 들어오는 순간, 무의식적으로 몸에게 긴장을 풀라는 명령을 내린다. 그렇게 풀려버린 몸과 마음을 다잡아 공부한다는 것은 보통의 정신력으로는 절대 쉬운 일이 아니다.

집에서 공부도 하고 휴식도 하면 어떻게 될까? 긴장을 해야 할지 풀어야 할지 뇌가 헷갈리기 시작한다. 집에서 공부해본 사람은 다들 이런 경험이 있을 것이다. 공부를 하려고 하면 잠이 온다. 그런데 막상 자려고 하니 다시 머리가 맑아진다. 뇌가 헷갈려서 그런 것이다.

집중을 하려면 공부하는 장소와 쉬는 장소를 확실히 구분해주어야 한다. 나는 그날의 공부를 학교에서 모두 끝냈다. 가끔 일찍 마치는 날에는 도서관에 갔지, 집에서는 절대 공부하지 않았다. '학교 = 공부', '집 = 휴식'이라는 경험을 예외 없이 반복했다. 덕분에 나의 뇌는 교실에 들어서는 순간 공부에 최적화된 상태가 되어 무섭게 집중할 수 있었고, 집에 들어서는 순간 휴식에 최적화된 상태가 되어 편안히 잠을 잘 수 있었다.

집에서 새벽 2시까지 공부하고, 학교에서는 수업시간에 엎드려서 잔다? 그런 학생 중에 성적이 잘 나오는 학생은 거의 없다. 공부하는 장소와 쉬는 장소를 뒤죽박죽 섞는 그런 방법은 '상태의존'이라는 인간의 본성에 반하는 공부 방법이기 때문이다.

## 2. 공부에 방해되는 것을 '박스아웃'하라

만화 『슬램덩크』를 보면, 주인공이 리바운드를 배우는 장면이 나오는데, 이 장면에서 '박스아웃'이라는 스킬(?)이 등장한다. 상대선수를 제치고 공을 잡아야 하는데, 그렇다고 멀쩡히 서 있는 상대편을 때리거나 넘어뜨리면 반칙이다. 따라서 내 등으로 상대선수를 밀어내는 몸싸움을 해야 한다. 이것이 리바운드를 잘하는 두 번째 원칙, '박스아웃'이다.

내가 공부를 하려고 자리에 앉는 순간, 그 자리에는 나 혼자가 아니다. 내가 뛰어오르면, 언제라도 같이 뛰어 오를 준비를 하고 있는 상대편 선수들이 있다. 알림메시지가 끊이지 않는 스마트폰, 켜져 있는 컴퓨터, 책꽂이에 꽂혀 있는 잡지, 공부하는 책상 위에 놓여 있는 음식, 방 한쪽에 지저분하게 쌓여 있는 잡동사니들, 거실에서 들려오는 TV 소리, 이런 분(?)들은 다들 리바운드에 일가견이 있다고 정평이 난 강력한 선수들이다. 스마트폰을 눈에 잘 보이는 곳에 두고 알림메시지가 뜰 때마다 곧바로 확인을 하거나, 눈은 책에 머물러 있지만 귀는 거실에서 들려오는 TV 소리에 집중하고 있다면 평생 공을 잡을 수 없게 된다.

공부하기 전에, 집중력을 방해하는 이런 것들을 먼저 깨끗이 치워놓아야 한다. 정리된 환경에서 최고의 집중력을 발휘할 수 있는 법이다. 공부하는 곳이 항상 깨끗하게 정리정돈되어 있는데도 불구하고, 공부를 못하는 학생은 많지 않다. 책꽂이에 책이 종류별로 가지런하게 꽂혀 있다면, 이 학생은 박스아웃에 능숙한 선수라는 이야기다. 공부의 기본 자세가 되어 있는 학생이다.

오해하지 말기를 바란다. 내 말은 정리정돈으로 공부시간을 소비하라는 뜻이 아니다. 공부를 시작하기 전마다 정리정돈으로 많은 시간을 낭비하는 학생이 있는데, 이것은 공부를 미루는 핑계를 대며 자신의 행동을 합리화하는 것에 불과하다.

공부방을 정돈하는 것은 휴일에 잠깐 하는 정도면 족하다. 정작 중요한 것은 그다음이다. 시간을 소비하지 않고서도 깔끔하고 정돈된 공부 환경을 유지하는 방법이 있다. 모두 알고 있는, 유치원 때 배웠던 바로 그 방법이다.

쓰고 난 것은 반드시 원래 있던 자리에 두기! 썼던 물건을 그때그때 제자리에 두는 습관을 들이면, 여간해서는 공부하는 장소가 잘 어질러지지 않는다. 우리가 어릴 때 배운 이 기본적인 습관은 사실 공부에 정말 중요한 원칙이었던 것이다.

## 3. 버티는 자가 살아남는다

나와 상대선수는 서로 박스아웃하려고 한다. 힘의 대결에서 밀리면 끝장이다. 한번 밀리면, 떨어지는 공은 상대 선수의 차지가 된다. 즉 '박스아웃'은 상대방을 밀어냈다고 끝난 것이 아니라 계속해서 상대에게 밀리지 않도록 '버텨내야' 하는 것이다.

저녁식사 직후의 자투리시간을 이용해서 공부를 하겠다고 마음먹었다고 하자. 하지만 이런 나의 마음과 달리 친구들은 여기저기서 왁자지껄 떠든다. 그렇다고 해서 딱히 방도가 있는 것도 아니다.

"나 공부하잖아! 좀 조용히 해!"

이렇게 외친다면, 아마 학교폭력 유발자(?)가 될 것이다. 어쩌겠는가? 버티는 수밖에 없다. 힘에서 밀리지 마라. 집중을 못 하겠다면 집중하는 척이라도 해라. 공부하기에 모든 조건이 다 들어맞는 완벽한 상황은 어디에도 없다. 오히려 강한 상대와 자꾸 겨루다보면 자신의 능력도 강해진다. 평소에 그런 환경에서도 집중하려는 훈련을 하면, 나중에는 어떤 환경에서도 집중할 수 있게 된다.

내가 고3 때 학교에서는, 점심시간마다 방송으로 영어듣기를 틀어주었다. 영어듣기 공부를 자습시간에 따로 공부하기가 힘들었던 상황이라, 나는 그걸 적극적으로 활용하기로 했다. 문제는 시끄러워서 방송이 잘 들리지 않는다는 점이었다. 교실 여기저기 웃음소리, 고함소리가 들려오고, 욕설도 난무했다. 가끔은 유리창이 깨지는 소리도 들렸고, 운동장에서는 마치 전쟁이라도 일어난 것 같았다.

이런 버거운 녀석을 어떻게 박스아웃하라는 것인가? 나는 버티기로 했다. 나는 집중력이 없는 편이라 대부분은 내가 박스아웃을 당했다. 그래도 다시 덤비고 덤볐다. 밀리지 않으려고 최대한 노력했다. 그러자 어느 순간부터 내가 이기는 횟수가 늘어나기 시작했다.

시간은 흘러, 드디어 실전수능 날이 되었다. 영어듣기 시간이었다. 수험생들은 한 단어 한 단어 정말 집중해서 듣고 있었다. 그런데 난데없이 어디선가 개 짖는 소리가 들렸다. 교실 여기저기서 한숨이 터져나왔다. 하지만 그때 나는 어리둥절했다.

'아니, 이게 뭐가 시끄럽다고 다들 저러는 거지?'

개가 짖는다고 불평을 늘어놓던 학생들이 영어듣기 시험을 잘 쳤는지 못 쳤는지는 나도 모른다. 다만 내 점수만 알 뿐이고, 그건 독자들이 예상하는 그대로다. 평소 점심시간에 애들이 떠들던 소리에 비하면, 개 짖는 소리는 아무것도 아니었다.

# "시끄러워서 **집중**하기가 힘들어요"

나는 집중력이 부족한 편이었다. 초등학교 시절, 가정통신문과 학교생활기록부의 담임선생님 조언란에 빠지지 않는 말은 '산만하고 집중력이 없음.'이었다. 고등학교 1학년 때까지도 야간자율학습시간의 대부분을 연습장에 낙서나 만화를 그리면서 보냈다.

낙서에 얽힌 일이 하나 생각난다. 중학교 3학년 때의 일이다. 독자들은 '깜지'라는 것을 잘 알 것이다. 깜지는 지역에 따라서는 '빽빽이'라고도 부르는데, 깨끗한 빈 종이에 수학문제 풀이나 영어단어 따위를 반복해서 적어 제출하는, 일종의 '공부를 했다는 증거'다.

당시 과학을 담당하셨던 담임선생님은 깜지 숙제를 자주 내셨다. 그 선생님은 한번 매를 들면 수십 대는 기본으로 때리던 분이어서, 공부하기가 아무리 싫어도 깜지는 해야 했다.

어느 날 자습시간. 그날도 나는 볼펜 3개를 동시에 잡고 깜지를 만들고 있었다. 그때 문득 기발한 아이디어가 떠올랐다. '그래, 과학 공식을 써서 언제 이걸 다 채워? 차라리 교과서에 있는 그림을 크게 그리자. 그러면 쉽게 종이를 다 채울 수 있을 거야. 우와! 나는 천재인가 봐.'

다음 날, 나는 100대도 넘게 맞았다. 깜지에 그림을 그려서 낸 학생은 개교 이래 나뿐이었다고 한다. 그런 나였으니 공부를 할 때는 어땠겠는가? 공부를 시작한 지 10분도 되지 않아 잡생각에 빠졌다. 나도 그런 상황이 답답했다. 이렇게 공부해서는 안 된다는 생각이 들었다. 집중할 수 있는 뭔가가 필요했다.

공부를 할 때 음악을 들으면 집중에 방해가 된다는 말을 들었다. 그래서 귀에서 이어폰을 뺐다. 역시 효과가 있었다. 조용해지니까 더욱 '잡생각에 집중'할 수 있었다.

연두색이 눈을 편안하게 하고 집중을 돕는다는 말을 들었다. 그 얘기에 나는 연두색 색연필로 책과 연습장을 칠하느라고 자습시간을 다 보냈다.

큰 소리보다 소곤거리는 작은 소리가 집중을 방해한다는 말을 들었다. 그래! 내가 집중을 못 하는 이유는 자습시간에 내 뒤에 앉아서 소곤거리며 떠드는 저 놈들 때문이다. 나는 뒤에 앉은 친구들에게 소리를 질렀다.

“야, 조용히 해! 공부가 안 되잖아.”

“방금 소리 지른 놈 나와.”

지나가던 감독선생님한테 나만 두들겨 맞았다.

그러던 어느 무더운 여름날이었다. 체육시간이 끝난 직후 쉬는 시간이었다. 교실로 들어오자마자 친구들은 체육복을 벗어 던지며 덥다고 소리를 질렀다. 안 그래도 더운데 축구를 심하게 해서 힘들었던 나는 교실에 들어오자마자 바로 자리에 앉았다. 가슴은 아직도 터질 듯 쿵쾅거렸고, 얼굴에서는 땀이 비 오듯이 흐르고 있었다.

갑자기 장난기가 발동했다. ‘이런 때 공부하는 척을 하면 친구들이 어떤 반응을 보일까?’ 하는 생각이 들었다. 실험을 해보기 위해 나는 책을 펼쳤다. 당연히 공부는 되지 않는다. 얼굴에서 흐르던 땀이 문제집으로 떨어졌다. 잠시 뒤, 한 친구가 나에게 말을 건넸다.

“우와, 이 공부벌레 자식. 이런 상황에서 공부가 되냐?”

나는 그를 쳐다보지도 않고 공부하니까 말 시키지 말라며 알 수 없는 기호를 연습장에 마구 썼다. 예상대로 주위 친구들이 신기하다는 듯 내 근처로 몰려들었다. 장난은 성공이었다. 그런데 잠시 뒤 나는 충격을 받았다.

내가 정말로 문제를 풀고 있는 것이 아닌가? 처음에는 장난으로 공부하는 척을 한 것이었는데, 몇 분 뒤 나는 실제로 문제를 풀고 있었고 책을 읽고 있었다. '집중하는 척'만 하려다, 정말로 집중해버린 것이다.

집중이 잘될 때까지 기다렸다가 공부를 하면 평생 공부를 못한다. 일단 공부를 시작하라. 공부하다가 집중이 되면 좋은 거고, 안 되면 집중하는 척이라도 하면서 계속하라. 머지않아 자기도 모르게 집중이 된다. 사실 사람은 아무리 열악한 환경에서도 집중할 수 있다. PC방에 가보라. 시끄럽다고 게임에 집중하지 못하는 사람이 있던가?

많은 학생들이 잡생각을 하는 스스로를 자책하면서 집중이 잘되는 더 나은 환경을 찾느라 불필요한 시간들을 쓰고 있다. 환경도 물론 중요하지만 좋은 환경을 찾느라 시간만 보내다가는 정작 공부를 할 수 없다. 연습장이 연두색이 아니면 어떤가? 연두색이 아니라, 눌어붙어 죽은 벌레의 피로 물들어 있어도 태연하게 그 옆의 빈 공간에 문제를 푸는 것이 집중력의 비결이다.

공부 이외의 생각은 심지어 공부에 관한 생각이라도 그것은 잡생각이다. 예를 들어, '왠지 더운데? 시원한 곳에 가면 집중이 더 잘될 것 같다.'라든가 '시끄럽네. 뒤에 앉은 애들이 조용히 해주면 좀 더 집중될 것 같다.'라는 생각들이 집중을 방해하는 것이다. 집중을 방해하는 범인은 더운 환경, 소곤거리는 소리가 아니다. 그것들이 범인이라고 생각하는 내 생각이 바로 범인이다.

무서운 집중력의 소유자는 태어나는 것이 아니다. 극악의 환경에서도 집중하려고 노력한 결과일 뿐이다. 창밖에서는 자동차 경적소리가 울리고, 뒤에 앉은 친구들은 시끄럽게 떠들어대며, 교실 안은 더워서 땀이 흐르고, 배가 고파서 꼬르륵 소리가 나는, 이 모든 환경들을 '집중력을 키우는 훈련'이라고 생각하자.

이제부터 스스로와 약속해보자. 앞으로 누군가 복도에 있는 유리창을 갑자기 깨뜨려도 절대 그쪽으로 고개를 돌리지 않겠다고. 오로지 책만 바라보며 '집중하는 척'이라도 하겠다고. 그 약속의 대가로 당신은 학교에서 가장 집중력이 높은 학생이 될 것이다.

Q15

# "쉬는 시간에 공부하기가 눈치 보여요"

『박철범의 하루공부법 1』에는 쉬는 시간을 이용해서 예습과 복습하는 법에 대한 내용이 구체적으로 설명되어 있다. 책을 읽고 컨설팅 상담을 신청해온 독자들 중에는, 친구들이 신경 쓰여서 그 방법을 쓰기 힘들다는 학생들이 의외로 많았다.

쉬는 시간에도 공부하니까, 자신을 마치 '전교(등수)에서 노는 애'처럼 바라보는 시선이 부담스럽다는 학생도 있었고(지금의 성적은 그렇지 않으므로), 오히려 반대로 '네가 그렇게 공부한다고 해서 성공하겠냐?' 하는 마음을 그대로 드러내는 친구들의 표정이 신경 쓰인다는 경우도 있었다. 쉬는 시간에 공부하는 이 부분은, 화장실을 갈 때도 친구들과

같이 다녀야 하는 여학생들의 경우 더욱 심한 듯하다. '나 이러다 왕따가 되는 것 아닐까?', '그럼 내 친구들과의 우정은?'과 같은 고민이 더욱 자신을 괴롭히는 것이다.

교실마다 상황은 다르겠지만, 나의 생각은 이렇다. 물론 가끔은, 왕따가 되기를 자초하는 학생이 교실 안에 있기는 하다. 예를 들어 어떤 학생이 좀 이기적이라서 자신만 생각한다면 다른 학생들은 당연히 그 학생을 왕따시키고 싶은 충동이 들 것이다. 선생님이 "오늘은 수업은 여기까지 하고, 남은 시간은 자습하자."라고 말씀하시면, "선생님! 저 그 부분 잘 모르는데, 그냥 수업 계속해주시면 안 되나요?"와 같은 막말(?)을 하는 학생이 그 예다. 이런 식으로 주위를 배려(?)하지 않고 자기만 생각하는 학생은, 쉬는 시간에 공부를 열심히 하든 안 하든 조만간 왕따가 될 것이지만, 보통의 학생들이 쉬는 시간에 공부 좀 한다고 해서 왕따가 되는 것은 아니라는 것이 내 생각이다. 즉 따돌림은 공부를 열심히 하는 것과는 크게 관련이 없다.

친구들과의 우정을 걱정하는 경우도 있다. 왕따까지야 아니겠지만 그래도 '지금까지 친하게 지내던 친구들과 더 이상 쉬는 시간에 이야기하지 않고 나만 공부하게 되면 아무래도 관계가 소원해지 않을까?' 하는 걱정을 하는 것이다. 이 부분은 나의 경험을 이야기하는 것이 필요할 것 같다.

나는 초등학교부터 고1 때까지는 친구들과 엄청 놀았다. 공부는 뒷전이었고 언제나 친구가 먼저였다. 학교가 끝나면 친구들과 게임을 하러 가거나 농구를 했고, 노래방도 같이 다녔다. 심지어 선생님과 집에는 거짓말을 하고 친구들과 저수지에 낚시하러 가기도 했다. 부모님께 말씀드리지 못할 고민도 친구에게는 말 못할 것이 없었고, 친구에게 무슨 일이 있으면(무슨 일이라는 게 주로 심심하다는 고민이었지만) 공부고 뭐고 다 팽개치고 달려갔다.

그런데 고2로 올라가면서 문제가 생겼다. 그때 나는 공부를 열심히 하기로 마음먹고, 쉬는 시간은 물론 잠자는 시간을 빼고는 하루 종일 공부하기로 결심했었다. 그리고 마음먹은 그대로 실천했다. 문제는 친구관계였다.

불과 며칠 전까지만 해도 친구들과 같이 복도에서 소화기를 뿌려대고, 유리창을 깨고, 교장실 앞에서 농구공을 튀기던 나였다. 그런 내가 입을 꾹 다물고, 쉬는 시간에도 『개념원리』를 풀고 있자 친구들이 의아하게 여긴 것이다. 처음에는 "야, 너만 공부하니 잘되냐?"라며 반쯤 농담으로 다가오던 친구들도, 내가 별다른 반응 없이 공부에만 열중하자, "야, 너 좀 무섭다."라며 쉬는 시간에 더 이상 다가오지 않았다.

나는 공부가 방해되지 않아 다행이라고 생각하면서도 그런 친구들이 서운했다. 하지만 별다른 행동을 취하지는 않았다. 그 당시의 나는 공부란 선택이고 희생이며, 이것저것 다 누리면서 원하는 것을 얻기는 불가능하다고 생각하고 있었다. 반에서 최하위로 떨어져버린 지금 내 상황에서 해야 할 것은 공부고, 친구관계는 아쉽지만 2순위라고 생각했다. 분명 그때 나의 선택은 친구가 아닌, 공부였다.

그들이 나를 어떻게 생각할지 궁금하기는 했다. 저렇게 공부하는 것만 보면 꼭 전교 1등인데 사실 저 녀석, 저번 시험에서 꼴찌였던 녀석이라고 수군거리는지도 모를 일이다. 아니면 그동안의 친구관계도 끊어버리고 독하게 자기 공부만 하는 이기적인 녀석이라고 비난하는지도 모른다. 나 역시 그런 생각 때문에 공부가 안 될 때가 많았다. 그러나 그냥 참고 꾸준히 자리를 지켰다.

그런데 어느 날 친구들이 나를 배신자로 생각하는지 아니면 기말고사 성적에 충격 먹어서 맛이 간 불쌍한 녀석으로 생각하는지 알 수 있는 날이 왔다. 한번은 어떤 친구가 반 아이들에게, 무기명으로 설문조사를 해보자고 말했다. 아이들은 신이 나서, '우리 반에서 가장 재수 없는 놈은?', '우리 반의 왕따는?' 등의 질문을 칠판에 적었고, 다들 연습장에 자신이 생각하는 각 질문에 해당하는 친구의 이름을 적어서 반장에게 주었다. 나는 큰일 났다고 생각했다.

'아, 망했구나.'

친구들을 버리고 쉬는 시간에 아무 말 없이 공부만 해온 내가 공개적인 왕따로 낙인찍히기 일보 직전인 순간이었다. 아무리 머리를 굴려도 그 상황을 피할 수 있는 방법을 생각해낼 수 없었다. 그런데 결과를 공개하자 의외의 일이 일어났다. 영예의 '제일 재수 없는 놈' 1위는 내가 아니었다. 나 대신 1위로 오른 녀석은, 자기가 주번임에도 불구하고 쉬는 시간에 엎드려 자느라 언제나 칠판을 제대로 닦지 않던 녀석이었다. 다음 수업시간에 들어온 선생님들은 칠판이 지워져 있지 않은 것을 보고 크게 화를 내셨고, 그 녀석이 주번인 날의 수업 분위기는 무척이나 살벌했다.

"이번 질문에는……, 1위 박철범!"

안심하고 있던 나는 깜짝 놀랐다. 교탁에 서 있던 반장에게 아이들이 무슨 질문에 1위냐고 물었다. 그러자 반장이 결과표를 보며 대답했다.

"우리 반에서 가장 좋아하는 사람!"

친구들은 "오오?" 하면서 부러운 녀석이라는 표정으로 나를 바라보았고, 나는 이럴 때 어떤 표정을 지어야 하는지 고민하는 데만 3초 이상 걸렸던 것 같다. 그때 친구들이 그 질문에 대한 대답으로 왜 내 이름을 적어냈는지 솔직히 아직도 이해가 잘 되지 않는다. 나는 친구들에게 해준 것이 없다.

제일 앞에 앉아 있던 내가 주번 대신 칠판을 지웠던 건 내가 착해서도 아니고 반 아이들을 위한 배려 때문도 아니었다. 그건 내가 지워야 분필가루가 덜 날리기 때문이고, 다른 녀석이 대충 대충 지우면 그 분필가루는 제일 앞에 있던 내가 다 마셨기 때문이었다.

내가 공부를 열심히 한 뒤로 같이 놀러 가자고 하는 친구들은 줄어들었지만, 대신 다른 주제를 가지고 친구들은 내게 다가왔다. 아무에게도

말 못할 자기 집안 이야기, 미래의 꿈 이야기. 이상하게도 같이 놀러 다닐 때는 절대 하지 않던 그런 이야기들을 내가 내 공부에만 충실하자 그제야 나에게 털어놓으며 상담을 요청했고 내 생각을 물었다.

그때 내가 성심성의껏 조언해주고 이런저런 이야기를 많이 했던 것은 그 녀석의 인생을 같이 걱정해서였기도 했지만, 하루 종일 입 다물고 공부만 하느라 간질간질해진 내 입 주위의 얼굴 근육을 풀어주기 위해서이기도 했다.

쉬는 시간에 공부만 하면 친구들과 소원해지지 않겠느냐고? 공부를 열심히 한다고 해서 친구들이 싫어하지는 않는다. 오히려 당신을 존경하게 될 것이다. 왜냐하면 자기는 못 하는 것을 당신은 해내고 있으니까. 그것이 때로는 농담 섞인 야유로 포장되어 있을 수 있겠지만, 그 속에 들어 있는 존경과 부러움을 당신은 느낄 수 있어야 한다.

쉬는 시간에 공부를 한다고 해서 따돌림을 당하는 것이 아니라, '너 따위는 필요 없어. 내 인생에는 공부만이 중요해!'라고 생각할 때 따돌림이 찾아온다. 그런 마음을 가지고 있으면 말을 안 해도 반드시 상대에게 전해진다. 반면에 '나도 너와 더 친해지고 싶고, 같이 놀고 싶지만 공부할 게 너무 많아서 지금은 못 놀아. 내 맘 알지?'라고 생각하면 그 마음도 반드시 상대에게 전해진다. 그러면 그 친구는 당신을 좋아하게 된다. 당신이 쉬는 시간에 자기 공부에만 충실해도 말이다.

겉으로 보면 그 당시의 나는 분명히 친구가 아닌 공부를 택했었지만,

마음으로는 그렇지 않았고 내 친구들은 내 마음이 어땠는지 알 만큼은 현명했다. 나는 지금도 그때의 친구들을 잃지 않았고, 지금도 연락하며 지내고 있다. 그러나 그 이전에 나와 같이 노래방에 다니고 게임을 하던 친구들은 지금 아무와도 연락이 닿지 않는다.

Q16

# "스마트폰이나 컴퓨터를 끊기가 힘들어요"

"철범아, 약속한 2시간이 이미 지나지 않았니?"

어머니께서 컴퓨터 게임에 열중하고 있던 나에게 말씀하셨다. 차분한 어머니의 말투에 왜 그렇게 짜증이 났는지 모르겠다. 예정된 시간보다 게임을 더 한다고 꾸중을 들었기 때문인지, 아니면 뭔가에 열중하고 있는데 옆에서 자꾸 말을 시켜서 그런 건지. 나는 짜증 섞인 말투로 한 판만 더 하고 끄겠다고 했다. 그러고는 왠지 모를 반발심과 오기가 생겨서 스피커 볼륨을 더 높였다.

어머니께서 한숨을 쉬시더니, 아무 말 없이 방을 나가셨다. 나는 어쩐지 긴장이 되었다. 잠시 뒤 어머니께서 방으로 다시 들어오시더니,

내 앞에 두 가지 물건을 내려놓으셨다. 하나는 내 도장이었고, 다른 하나는 망치였다.

"철범아, 네가 선택할 수 있는 것은 두 가지다. 첫 번째는 이 망치로 그 컴퓨터를 부수는 것, 두 번째는 이 도장으로 네 호적을 우리 가족에서 파내는 것이다. 나는 게임중독자 아들은 필요 없거든."

나는 도장으로 실제로 호적을 팔 수 있는지는 알지 못했다. 다만 어머니가 허풍을 떨거나 농담을 하시는 스타일이 아니라는 점은 알고 있었다. 만약 내가 도장을 선택한다면 정말로 호적을 파지는 않는다 하더라도 그에 못지않은 조치를 취하실 게 분명했다. 상황이 이 정도까지 왔으면 죄송하다고 말해도 넘어가실 분도 아니었다. 선택을 하라고 하면 해야 한다. 어머니와 나는 한동안 아무 말이 없었다. 컴퓨터 스피커에서는 계속 게임 소리가 나오고 있었다.

1초가 10년 같았다.

"이걸로 할게요."

결국 나는 망치를 선택했다. 어머니께서 친절하게도(?) 전원을 끄고 코드를 뽑아주셨다. 나는 숨을 크게 들이마신 후 곧바로 망치를 세게 내리쳤다. 가장 친한 친구를 내 손으로 죽이는 기분이었고 눈에서는 눈물이 흘렀다. 그러나 지금 생각해보면, 그때 망치를 집어든 건 내 인생에서 가장 현명한 선택이었다.

## 공부를 방해하면 모두 '잡기'

잡기(雜技)란 '잡스러운 놀이'라는 뜻이다. 물론 어떤 것이 처음부터 잡기라고 정해져 있는 건 아니다. 내 인생의 중요한 일에 방해가 되는 것이 있다면, 그것이 바로 잡기다. 예를 들어 인터넷 관련 자격증을 준비하는 사람에게는 인터넷이 '공부'겠지만, 내일 수학시험을 보는 학생에게 인터넷은 '잡기'다.

스마트폰과 컴퓨터는 필요할 때도 있지만, 공부할 때는 방해가 될 때가 더 많다. 따라서 이것들은 대다수 중·고등학생들에게는 잡기에 해당한다. 의지가 약한 사람만이 잡기에 빠지는 것은 아니다. 아무리 몸이 건강해도 한겨울에 창문을 열어놓고 자면 감기에 걸리듯이, 누구라도 조금만 방심하면 잡기에 빠진다.

고등학교 시절 철저한 자기관리로 소문났던 우등생 친구가 있었다. 그는 전국 수학경시대회에서 여러 번 화려한 성적을 거두기도 했다. 결국 서울대학교에 합격했고, 다들 그 친구는 나중에 교수가 되거나 'NASA(미항공우주국)' 같은 곳에서 일하게 될 거라 생각했다.

그러나 그 친구는 서울대학교 입학 후, 잡기에 빠져버렸다. 컴퓨터 게임을 하느라 학교 수업도 빼먹고 PC방에서 살다시피 했다. 결국 수업을 따라가지 못했고, 학점은 바닥을 기었다. 여름방학이 되어도 그 친구는 F학점을 메우기 위해 학교에서 별도의 수업을 들어야만 했다. 이 글을 쓰는 지금도 확인해보니 PC방에서 게임을 하며 컵라면으로 점심을 때우고 있다고 한다. 친구들은 현실세계에서 실제로 인공위성을 연구하고 있는데 말이다.

우리의 현실은 힘들지만, 모니터 속의 세계는 다르다. 클릭과 터치를 통해서 톡이나, 게임, 웹툰, 인터넷을 헤매다보면 시간이 잘 흘러가고, 재미있으며 때로는 감동적이다. 모니터 액정 속의 세상, 그곳은 피터팬 이야기에 나오는 이른바, '네버랜드'다. 그러나 거긴 결국, 가짜 세상이다. 빨리 현실로 돌아오지 않으면 우리의 삶은 망가져서 회복하기 힘든 지경에 이를 것이다. 어떻게 하면 잡기를 통제하고, 소중한 우리의 꿈을 '현실에서' 이룰 수 있을까?

## 잡기를 통제하는 일반적인 방법들

잡기를 통제하는 방법 중에 주위에서 흔히 보게 되는 것이 '외부적인 강제'다. 실제로 내가 아는 한 학생의 어머니는 자녀가 컴퓨터 게임을 하지 못하게 전원코드를 옷장 깊숙이 숨겨놓았다. 그러자 학생은 그걸 용케 찾아내서는 컴퓨터 게임을 계속했다. 어머니가 올 시간이 되면 전원코드를 제자리에 가져다놓았다. 이상한 느낌이 든 어머니가 전원코드를 숨기는 장소를 바꾸자, 그 학생은 인터넷에서 전원코드를 아예 새로 주문했다.

이처럼 외부적인 강제는 순진하던 학생을 잔머리만 굴리는 여우로 만들 뿐, 효과가 별로 없다. 우리 인간은 누군가에게 간섭받는 것을(그것이 옳은 일이라도) 선천적으로 불쾌하게 느낀다. 그래서 핸드폰을 빼앗아가거나 정지시키겠다고 하면 그게 나를 위해서 하는 행동임을 알더라도 화가 치밀어오르는 것이다. 이 경우 반항심으로 잡기에 더 빠지게 되는 경우가 많다.

잡기를 다루는 또 다른 흔한 방법이 있다. 바로 '타협'이다. 이것은 '외부적인 강제'보다는 좀 더 효과가 있다. 컴퓨터나 스마트폰 사용시간을 부모와 자녀가 약속하는 것이다.

**컴퓨터는 평일에는 45분, 주말에는 1시간만 사용 가능!**

이 약속은 마이크로소프트사의 회장인 빌게이츠가 컴퓨터 게임에 중독된 딸과 한 약속이라고 한다. 자녀의 컴퓨터 과다사용으로 인한 부모의 고민은 동서양이 다르지 않은 모양이다.

어쨌든 이 방법은 중학생 이하의 학생들이라면 꽤 유용하다. 하지만 학년이 올라가면 사정이 달라진다. 부모 말을 안 듣는 시기인 사춘기에 접어들면서 타협이 잘 통하지 않기 때문이다. 설사 약속을 했더라도 시간이 지나면서 약속은 흐지부지된다. 얼마간은 약속한 대로 시간을 지키면서 컴퓨터를 사용하지만, 날이 흐를수록 점차 핑계가 늘어나는 것이다.

"잠시 인터넷에서 찾을 게 좀 있어서……."

"공부는 아까 많이 했고 지금은 잠시 쉬는 거라……."

"딱 한 판만 더 하고 끌 테니까……."

이와 같이 온갖 이유를 대면서 컴퓨터 앞에 있는 시간이 늘어간다. 그런 일이 반복되다보면, 어느새 '하루에 딱 1시간만'이라는 약속이 있었는지조차 가물가물해진다. 이처럼 '타협'이라는 방법도 결국에는 일시적인 방법에 불과하다.

## 잡기통제법1 : 아침에만 쓰기

스마트폰이나 컴퓨터를 실컷 사용해도 되지만, 실제로는 별로 하지 않게 되는 그런 방법은 없을까? 의외로 간단한 방법이 있다. 바로 아침에만 하는 것이다.

스마트폰이나 컴퓨터는 시작하기는 쉬워도 끄기가 어렵다. 따라서 저녁이나 밤에 그것을 하게 되면 반드시 잠도 늦게 자게 된다. 하지만 아침에 하면 어떨까? 아침에는 일어나기가 힘들다. 게다가 정해진 시간에는 학교로 출발해야 하기 때문에 어쩔 수 없이 그만두어야 한다. 즉 시작하기는 어렵고, 끝내기는 쉽다.

실천해보라. 일단 집으로 돌아오면 자기 전까지 절대 컴퓨터를 켜지 않는 것이다. 스마트폰도 저녁 10시 이후에는 전원을 꺼버려라. 내가 원래 그렇게 한다는 것을 친구들도 안다면 서운해하지 않을 것이다. 인터넷에서 꼭 찾아야 할 자료가 있다거나 프린트를 뽑아야 한다면 그것도 아침에 해라. 심지어 인터넷 강의도 밤에는 듣지 않는 것이 좋다. 강의를 듣겠다며 컴퓨터를 켜면, 인터넷에 많은 시간을 보내게 될 것이라는 걸 당신도 알고 나도 안다. 보고 싶은 웹툰이 있다면 아침에 실컷 보면 된다. 실제로 나는 이 방법을 어떤 학생에게 권한 적이 있었다.

"게임하고 싶으면 실컷 해, 근데 아침에만 해. 많이 하고 싶으면 일찍 일어나면 돼."

그러자 그 학생은 '저녁 9시'에 잠들었다. 새벽 3시에 일어나서 게임을 실컷 하겠다는 심산이었다. 실제로 처음 며칠은 일찍 일어나서 게임을 실컷 했다. 그러나 점점 늦게 일어나게 되었다. 당연하다. 안 그래도 아침에 일어나기 힘든 판에, '그 따위 게임'을 하자고 일찍 일어나는 것이 어디 쉬운 일이겠는가? 게다가 그때는 세상 모두가 자고 있는 새벽 4~5시였다. 그 시간에 컴퓨터나 스마트폰을 만지고 있으면 갑자기 자기 자신이 그렇게 한심하게 느껴질 수가 없었다고 한다. 언제부터인가 일찍 일어나더라도 컴퓨터를 켜지 않았다. 대신 책을 폈다. 새벽에 하는 공부가 의외로 효과 있다는 것도 발견했다. 경쟁자들이 자는 시간에 이렇게 공부를 한다는 자신감에 기분도 좋아졌다.

그는 9월 모의평가 때 5등급을 받던 학생이었다. 그러나 11월 실전 수능에서는 2등급까지 올랐다. 예전에는 게임에 빠져 있었고, 주위에서 다들 이름도 없는 지방대학교에 가리라고 생각했던 그 학생이 그해에 아주대학교 법학과에 합격했다.

### 잡기통제법2 : 말목치기 전략

아침에 잡기를 누리는 것이 좋은 방법이기는 하지만, 이것도 결국 응급처방일 뿐이다. 잡기는 아예 끊어내는 것이 정답이다. 부모님이나 선생님이 나를 구해줄 수는 없다. 스스로 결단을 해야 한다. 삼국을 통일한 김유신이 여러분들의 나이에 했던 일을 기억하라. 술 취한 자신을 업고 늘 가던 대로 기생 천관녀의 집으로 향했던, 사랑하는 명마를 김유신이 어떻게 했는지 기억하는가?

"어라, 내가 잠든 사이 말이 습관대로 기생집으로 나를 데리고왔네? 할 수 없지. 일단 왔으니 오늘은 실컷 놀자. 하하. 이제 다음부터 안 오면 되지 뭐."

김유신이 이렇게 중얼거리며 말의 목을 쓰다듬는 사람이었다면 삼국통일은커녕 자기 동네 통일도 못 했을 것이다. 김유신이 모범을 보였듯, 잡기는 단칼에 확! 목을 치는 것이 정답이다. '하루에 1시간만!' 이렇게 정해봤자 시간이 지나면 십중팔구 흐지부지된다. 다시는 내가 돌아갈 수 없도록, 아깝더라도 말을 죽여놔야 한다.

'XXX 스토리'라는 게임에 중독된 학생이 있었다. 그 학생은 게임을 끊겠다고 마음먹은 후 자신이 애지중지 길러온 캐릭터의 스킬 포인트(능력치)를 일부러 엉망으로 만들고, 주위 사람들에게 캐릭터의 인기도를 내려달라고 부탁하고, 고생해서 얻은 아이템을 사람들에게 뿌렸다. 그러고도 성에 안 차, 캐릭터를 삭제하고 회원탈퇴까지 했다.

그 학생이 그동안 모은 아이템과 캐릭터의 가치는 현금으로 수십만 원이 넘었다. 주위 사람들은 차라리 게임 캐릭터와 아이템을 경매 사이트에 현금으로 팔지 그랬냐며 안타까워했다. 그러자 그 학생이 태연하게 말했다.

"큰 손해를 봤다든가, 완전히 망쳤다는 생각이 들지 않으면 결국 다시 손을 대게 되어 있어. 이렇게 해야 다시는 하고 싶지 않아져."

그 이야기를 전해들은 나는 감탄했다. 반드시 성공할 녀석이라고 생각했다. 아니나 다를까, 중학교 때는 성적이 낮아서 특성화 고등학교 진학을 심각하게 고민했던 그 학생이, 고등학교 2학년 때는 전교 5등 안에 든다는 소문이 들려왔다. 만약 당신이 게임에 중독됐다면, 이처럼 독하게 마음먹고 자신의 캐릭터를 아예 망쳐버리는 것도 좋은 방법이다.

독자들에게 조언한다. 자신을 너무 믿지 마라. 인간의 의지는 약하다. 삼국을 통일한 김유신조차 자신을 믿지 않았다. 당신의 미래가 궁금한가? 다음 시험에서 성적이 오를지, 좋은 대학에 입학할지는 '오늘 바로' 알 수 있다.

이 책을 덮은 후, 현명한 독자들은 '액션'을 취할 것이다. 내가 돌아갈 수 있는 곳을 만들어 놓으면 위험하다. 스마트폰을 2G폰으로 바꾸거나 혹은 집에 두고 다닐 것이다. 컴퓨터에서 게임을 지우고 키워온 캐릭터를 삭제할 것이다. 당신에게 그런 용기가 있다면, 내가 장담하건대 당신은 자신의 꿈을 반드시 현실로 만들 수 있는 사람이다.

## 컴퓨터는 이렇게 관리하자

1. 집에 있는 시간을 최대한 줄여라.

아무도 없는 집에 혼자 있는 것은 정말 위험하다. 그 시간에 밖에 나가 독서실이나 도서관에서 공부를 하는 것이 가장 좋다. 도서관에서 공부하는 것이 아직까지는 힘들다면, 차라리 친구를 만나거나 운동을 하는 등, 어쨌든 밖에서 최대한 시간을 보내는 것이 좋다. 너무 할 일이 없어서 거리를 방황하는 한이 있더라도 절대 빈집에 컴퓨터와 단둘이 있지 마라.

2. 컴퓨터를 거실이나 부모님 방으로 옮겨라.

내 경험상 자기 방에 컴퓨터를 두고 공부를 잘하는 학생은 거의 본 적이 없다. 자기 방에 있는 컴퓨터로 게임이나 인터넷을 하다가 부모님과 싸우게 되거나, 공부를 게을리한다는 죄책감에 시달리는 것보다는 약간의 불편함을 감수하는 편이 훨씬 낫다.

3. 컴퓨터를 쓰기 전에 미리 사용시간을 계획하라.

숙제를 위해 자료를 찾아야 한다든가 프린터 출력 등의 이유로 컴퓨터를 반드시 써야 할 때가 있다. 이럴 때는 컴퓨터를 켜기 전에 내가 컴퓨터를 써야 하는 이유와, 예상 사용시간을 미리 적어두어라. 그리고 반드시 그 내용을 지키도록 해야 한다. 이렇게 하면 아무 생각 없이 컴퓨터 앞에 있는 시간을 많이 줄일 수 있다.

PART
4

# **의욕관리,**
# 공부하려는 마음을 불러일으키기 위한 멘토링

Q17

# "공부를 시작하기가 힘들어요"

머리로는 열심히 공부해야겠다고 생각해도, 실제로 행동으로 옮기는 것은 누구라도 쉽지가 않다. 흔들리는 마음을 다잡고 공부를 쉽게 시작할 수 있는 방법은 없을까? 다음의 네 가지 방법을 꼭 실천해보기를 바란다.

## 1. 공부를 시작하기 직전 미래의 모습을 상상하라

어느 날 친구가 'World Of Warcraft'라는 게임을 같이하자고 권유했다. 얼떨결에 게임을 설치하고 마법사 캐릭터를 만든 다음, 시작을 눌렸다.

'어라, 뭐 하자는 거지? 왜 저 마을 사람은 나보고 늑대 고기를 모아 오라는 걸까?'

처음에는 뭐가 뭔지 하나도 몰랐다. 키보드 1번 키를 누르자 내 캐릭터가 마법을 쏘았다. 불덩이가 늑대에게 날아가 작열하고, 죽은 늑대는 늑대 고기로 변해 땅에 떨어졌다. 몇 번이고 반복해서 마을 사람에게 원하는 만큼의 늑대 고기를 모아서 가져갔다.

"수고했소! 고딩개구리! 귀하의 노력으로 노스샤이어는 평화로워졌소!"

마을 사람은 보상으로 아이템을 주었다.

'오오! 이것은?'

몇 달 뒤 정신 차려보니, 나의 캐릭터는 어느새 '만렙'(더 이상 레벨이 오르지 않는 단계)이 되어 있었고, 사람들은 나보고 '길마님'(같은 온라인 게임을 즐기는 사람들 모임의 대표)이라 부르고 있었다.

무엇이 나를 이렇게 만들었을까? 바로 보상에 대한 갈망이었다. 캐릭터의 레벨을 올리는 과정이 재미있지만은 않았다. 어떤 때는 꾸벅꾸벅 졸면서 게임하기도 했다. 하지만 그런 지루한 시간을 견뎌냈다. 지금의 지루함을 참으면 그 대가로 더 높은 레벨, 더 좋은 아이템, 더 강력한 마법을 얻을 수 있기 때문이었다.

공부도 이와 같다. 가끔은 공부가 재미있을 때도 있지만 대부분의 시간은 지루하다. 그러나 내가 공부를 잘하게 되었을 때를 상상하면 현재의 지루함은 얼마든지 이겨낼 수 있다.

나는 공부를 시작할 때마다 1분 동안 눈을 감고 공부를 잘하게 되었을 때의 나의 모습을 상상했다. '자아를 실현한다거나 사회에 보탬이 되는 인물' 등의 추상적인 상상으로는 의욕이 생기지 않았다. 나는 좀 더 가까운 미래의 구체적인 장면을 상상을 했다. 성적이 올랐더니 집에서 꽃등심을 구워준다든지, 마음에 안 드는 어떤 친구를 시험에서 이긴다든지 하는 게 내가 즐겨했던 상상이었다.

어차피 의욕을 북돋기 위한 것이니 굳이 현실적인 상상을 할 필요도 없다. 나는 다소 '공상' 같은 상상도 했다. 내가 실수로 떨어뜨린 '1등 성적표'를 어떤 예쁜 여자애가 주워버려서 참 '곤란하고 흐뭇한' 스토리가 이어진다든지, 수능 날 만점을 받아서 우리 집에 기자들이 카메라를 들고 들이닥친다든지. 물론 엉뚱하고 황당하지만 이런 생각만으로도 기분이 날아갈 것 같았다. 나는 눈을 뜨고 바보처럼 웃으면서 공부를 시작했다. 신기하게도 시간이 금방 지나갔다. 의욕이 생겨서 집중할 수 있었기 때문이다.

공부를 시작하기 전에 딱 1분만 자신이 되고 싶은 미래의 모습을 상상해보라. 그리고 눈을 떠보라. 마음자세가 사뭇 달라진 자신을 발견하게 될 것이다.

## 2. 그 과목과 관련된 교양 도서를 읽어보라

중학교 2학년 여학생을 가르친 적이 있었다. 이 학생은 사회, 특히 국사 부분을 너무 힘들어했다. 내가 봤을 때, 이 학생의 문제는 무턱대고 외우려는 데 있었다. 암기는 중요하지만 그건 공부의 마지막 단계다. 처음에는 흥미를 가지고 '이해'를 해야 한다.

어려운 과목의 흥미를 불러일으키는 데는 교양 도서가 효과적이다. 나는 그 학생에게 공부하던 교재를 잠시 덮고 『송시열과 그들의 나라』라는 책을 읽어보라 추천했다. 읽어본 사람은 알겠지만, 역사적 사실을 기술한 책임에도 불구하고 상당히 흥미진진하다.

국사가 제일 싫다던 학생이 단숨에 그 책을 다 읽었다. 그 후에는 내가 시키지도 않았는데 『한 권으로 읽는 조선왕조실록』이라든가 『백제 멸망의 진실』 같은 책을 사서 읽었다. 덕분에, 나는 과외시간에 그 학생으로부터 이런 난감한 질문들을 받게 되었다.

"크크크, 선생님은 웅진도독부의 진실을 알고 있나요?"

"후후후, 선생님은 송시열이 주장한 북벌론이 제한적 북벌론이라는 것을 알고 있었어요?"

얼마 지나지 않아 그 학생에게 국사는 점수가 가장 잘 나오는 과목이 되었다. 이렇듯, 흥미가 없는 과목일수록 관련된 책을 읽어보며 접근하자. 한 권 정도로 구성된 베스트셀러를 선택해서 읽으면 지금까지 딱딱하기만 했던 교과서의 내용이 신선하게 다가올 것이다.

### 3. 보상은 스스로가 주는 것이라야 한다

한 심리학자가 있었다. 그 심리학자의 집 앞은 공터여서 동네 아이들이 자주 놀러왔다. 어느 날 심리학자는 자기 집 앞에서 놀던 아이들에게 웃으며 다가가 말했다.

"얘들아, 너희들이 이렇게 즐겁게 노는 모습을 보니 아저씨는 정말 기쁘구나. 만 원씩 줄 테니까 내일도 여기 와서 놀아주지 않겠니?"

아이들은 이게 웬 행운이냐며 신이 났다. 그리고 약속대로 다음 날도 그 집 앞에 와서 놀고 있었다. 그러자 심리학자가 와서 말했다.

"약속을 지켜줘서 고맙구나. 내일도 여기서 놀아주면 안 되겠니? 여기 천 원씩 줄 테니까 내일도 꼭 와주렴."

어제보다는 적은 돈이었지만 아이들은 역시 기뻐하며 돌아갔다. 다음 날도 아이들은 찾아와서 심리학자의 집 문을 두드렸다. 그러자 우울한 표정의 심리학자가 나와서 말했다.

"오늘도 와주어서 고맙구나. 그런데 어떻게 하지? 아저씨가 이제 돈이 없구나. 그래도 아저씨를 위해서 앞으로도 계속 여기 와주면 안 되겠니?"

아이들은 서운한 표정을 감추지 않았고, 다음 날부터 그곳에 찾아가지 않았다. 그러자 심리학자는 쾌재를 불렀다. 애초부터 심리학자는 시끄러운 그 꼬마 아이들이 싫었던 것이다. 그래서 아이들의 행동에 외부적인 보상을 내걸음으로써 흥미를 잃어버리게 만든 것이다.

자녀가 성적이 오를 경우, 혹은 공부를 몇 시간 동안 할 경우 보상을 주는 부모가 많다. 당장은 효과가 있을 수 있다. 그 보상을 얻기 위해 열심히 공부해서 실제로 부모님이 원하는 등수까지 오르는 학생이 간혹 있다. 그러나 문제는, 계속 유지가 되지 않는다는 점이다.

남으로부터 주어지는 보상을 바라고 하는 공부는 억지로 하는 공부다. 그런 공부가 재미있을 리가 없다. 성적을 올리려면 결국에는 스스로 공부에 재미를 느껴야 하는데, 남으로부터 주어지는 보상 때문에 공부를 하게 된다면 그나마 느끼고 있던 공부의 재미마저 사라져버린다. 보상은 스스로가 주는 것이라야 한다. 예를 들면, '오늘 이 단원을 모두 공부해낸다면 집에 가서 일찍 잠자리에 들겠다!'라는 식으로 말이다. 이런 식으로 보상을 정하고 그 과정을 직접 계획하며, 스스로의 의지로 실천해야 공부에 재미가 붙게 된다.

## 4. 전략과목을 설정하라

나는 평화로운 푸른 초원을 말을 타고 달리고 있었다. 물론 온라인 세계다. 그곳에서 나는 80레벨, 즉 만렙의 마법사다. 저 멀리 50레벨짜리 기사가 칼을 휘두르며 거미를 때리고 있었다. 너무 힘겨워 보여서, 나는 말에서 내려 거미에게 거대한 마법을 날렸다. 화려하게 작렬하는 불꽃. 거미는 한 방에 죽어버렸다.

"도와주셔서 감사합니다. 우와, 만렙이시네요. 너무 멋져요!"

"크크, 좀 도와드려요?"

"그럼 저야 감사하죠!"

우리는 팀을 맺어 사냥을 했다. 그러면서 알게 된 사실인데, 그 사람은 50레벨 캐릭터를 2개 가지고 있었다. 나도 캐릭터가 2개다. 지금 접속해 있는 80레벨 마법사 외에, 좀 키우다만 10레벨짜리가 있다. 내가 농담으로 말했다.

"님이 가진 캐릭터의 레벨을 전부 합하면 100이네요, 하하. 저는 둘 다 합쳐도 90이니까 님이 저보다 고수시네요."

"헉, 만렙이 하나라도 있는 사람이 고수죠. 어떻게 하면 레벨을 빨리 올릴 수 있나요?"

"하하하. 그냥 열심히 하는 거죠, 뭐."

그렇게 웃으면서 나는 갑자기 의문이 들었다. 내가 왜 고수일까? 저 사람은 50레벨짜리 캐릭터가 2개다. 그 레벨을 전부 합하면 100으로 나보다 더 높다. 나는 마법사만 80레벨일 뿐, 다른 캐릭터는 초보자 마을에서 병든 늑대를 몇 마리 잡은 경험이 전부다. 그렇다면 그 사람과 나, 누가 더 고수일까?

당연히 하나라도 만렙을 가지고 있는 사람이다. 한 번이라도 캐릭터를 끝까지 키워본 사람은, 어디서 사냥을 해야 경험치를 많이 주고, 어떻게 사냥해야 몬스터를 쉽게 잡을 수 있는지 알고 있다. 이미 경험으로 터득했기 때문이다. 이른바 '노하우'다. 게다가, 이미 한번 끝을 봤기 때문에, '나 같은 건 아마 안 될 거야.' 따위의 좌절은 절대 하지 않는다. 그래서 마음만 먹으면 다른 캐릭터도 얼마든지 잘 키울 수 있다는 자신감이 있는 것이다.

오랫동안 학생들을 가르쳐본 결과 성적이 오르지 않는다고 한숨 쉬고 있는 학생들 대다수가 만렙, 즉 전략과목이 없었다. 슬럼프의 사슬을 끊고 상위권으로 치고 올려가려면, 일단 한 과목에서라도 100점을 맞아봐야 한다. 그 과목은 굳이 국·영·수 같은 중요과목이 아니라도 좋다. 오히려 국·영·수는 단기간에 성적을 올리기 힘들기 때문에 암기과목 중 하나를 택해서 일주일이든, 한 달이든 단기간에 집중적으로 공략하는 것이 좋다.

일단 한 과목에서라도 1등이나 100점을 얻게 되면 그 순간부터 그 사람은 완전히 다른 사람이 된다. 우선 마음가짐부터가 달라진다. '해냈다.'라는 금싸라기 같은 경험은, 수천만 원짜리 과외로도 얻을 수 없는 자신감을 가져다준다.

만약 단기간 동안 자신의 에너지를 '국사' 과목에 모두 쏟아부어서, 그 과목을 100점 받아본 학생이 있다고 해보자. 그 학생이 '과학' 성적이 오르지 않는다고 좌절할까? 오히려 이렇게 생각할 것이다.

'국사도 한 달 공부하니까 100점 나왔어. 그럼 과학도 얼마든지 가능해. 원래 이때가 공부가 잘 안 될 때야. 하지만 참고 견디니 결국은 올

랐잖아?'

성적이 오르지 않거나 슬럼프에 빠져 있는 학생들은 매일 여러 과목을 골고루 할 생각을 하지 말고, 기간을 정해 하나의 전략과목을 일단 마스터하는 것이 좋다. 한 과목이라도 일단 상위권으로 만들어놓으면 다른 과목은 더 빠르게 상위권으로 진입시킬 수 있다.

특별히 잘하는 과목이 없이, 성적이 전부 고만고만해서 걱정인가? 그렇다면 당장 PC방으로 달려가라. 그리고 거기서 온라인게임을 하고 계시는 초딩님들께 한 수 배워라. 그분들은 절대 여러 캐릭터를 동시에 키우지 않는다.

# "공부가 재미있어지는 방법은 없나요?"

공부를 하고 싶어서 하는 사람이 과연 몇이나 되겠는가? 다들 어느 정도의 고통은 참고 한다. 하지만 그 고통이 지나치게 크다거나, 공부의 재미를 아직 한 번도 느껴보지 못했다면 그건 뭔가 문제가 있다. 의욕이 넘치는 학생들은 오히려 공부가 '재미있다.'라고 말한다. 어떻게 공부가 재미있을 수 있을까? 그 다섯 가지 방법을 소개한다.

## 1. 수준에 맞는 공부를 하라

같은 과목, 같은 진도라도 수준이 어려운 교재로 공부하면 당연히 재미가 없다. 이건 당연한 원칙인데도 불안한 마음에 어떤 학생들은 실수를 한다. 자기 수준에 맞지 않아도 남들이 보는 문제집이라는 이유만으로 따라서 보는 것이다. 쉬운 책을 보면 왠지 뒤처지는 것 같고, 어려운 문제를 풀다보면 쉬운 문제를 풀 때 필요한 기초도 같이 닦게 되는 셈일 거라는 마음이 들기 때문이다. 그러나 그렇게 하면 남는 것도 없고 공부의 재미만 없어진다.

겸손해야 빨리 성장한다. 자신이 실력이 모자란다고 생각되면 겸손한 마음으로 쉬운 것부터, 교과서부터, 자세히 설명된 기본서부터 차근차근 공부해야한다. 뒤처진다는 느낌이 들 수 있지만, 그렇다고 실력에 맞지 않는 문제집을 붙들고 낑낑대는 것은 더 뒤처지는 길이다. 불안한 만큼 남들보다 두 배의 노력을 하겠다는 각오를 가지고, 쉬는 시간이나 점심시간에도 열심히 해서 빠른 기간 안에 끝내면 된다.

## 2. 때로는 공부 방법과 내용에 변화를 주어라

공부가 아직 습관으로 정착되지 않는 학생이라면, 공부가 지겨워도 참고 끈기로 밀어붙이는 것이 중요하다. 이들은 공부를 열심히 한다는 것이 아직 몸에 익지 않아, 조금만 책을 봐도 금방 엉덩이가 들썩들썩하는 것이다. 이때는 계획된 시간까지 참아야 한다. 몸이 "놀아줘! 놀아줘!"라고 외친다고 해서 금방 그 요구를 들어주면 우리 몸은 계속해서 그런 요구를 하게 되기 때문이다.

반면, 공부가 어느 정도 습관으로 붙은 학생이라면 얘기가 좀 다르다. 공부를 하다보니 지겨워서 도저히 머리가 안 돌아간다면 미련하게 계속 앉아 있을 필요가 없다. 그렇다고 놀기도 불안하다면 공부의 스타일을 바꿔주는 것만으로 간단하게 의욕이 되살아나기도 한다.

스타일을 바꾼다는 것이 꼭 큰 변화를 주어야 한다는 말은 아니다. 그저 교재를 바꾸어 공부하는 것만으로도 의욕이 다시 살아날 수 있다. 예를 들어 교과서를 보다가 지겹다면 문제집을 본다든지, 국어 공부를 하다가 지겹다면 수학 공부를 한다든지 이런 식으로 변화를 주는 것에 너무 인색하지 말라는 뜻이다. 그저 읽기만 하는 것이 지겨울 때는 쓰면서 할 수도 있고, 쓰는 것도 지겨워지면 친구와 서로 질문하기 방법을 쓸 수도 있다.

이처럼 변화를 주어가면서 어떻게든 예정된 시간이 될 때까지 공부를 끌고나가는 것이 중요하다. 그러지 않고 너무 한 가지 방법으로만 밀어붙이면 곧 지쳐버려서 그 과목이나 그 공부스타일에 완전히 정나미가 떨어져버릴 수도 있기 때문이다.

## 3. 성과가 보이는 공부를 해보라

공부는 기초가 중요하기에 어떤 과목이든 기본서부터 꼼꼼히 공부하는 게 좋다. 그러나 정 의욕이 나지 않는다면 가끔은 그 반대 방향으로 공부해볼 필요도 있다. 교과서나 기본서보다는, 점수를 바로바로 확인할 수 있도록 문제집이나 모의고사 위주의 공부를 하는 것이다.

나는 고3 여름에 슬럼프가 찾아왔다. 공부가 지겨워졌고 잡생각이 많아졌다. 이래서는 안 되겠다 싶어 모의고사 모음집을 사서 매일 시간을 재고 풀었다. 점수가 잘 나오면 '할 수 있다.'라는 생각이 들었고, 점수가 못 나오면 '두고보자.'라는 오기가 생겼다. 점수를 매긴 후에는 틀린 문제를 보충하는 공부를 했다. 예를 들어, 국사에서 '이 도자기가 어느 시대의 유물인가?'라는 문제를 틀렸다면 오후에는 기본서를 보며 각 시대의 도자기에 관한 내용을 모조리 정리하고 암기했다.

이처럼 점수를 바로 알 수 있는 모의고사 위주로 공부를 하면 자신감과 오기, 승부욕이 생기기 때문에 공부 흥미를 북돋는 데 도움이 된다. 다만 이것은 흥미 유발용 공부 방법일 뿐이므로 너무 오래 써먹지는 말아야 한다. 실력을 향상시키는 공부는 역시 기본서 위주로 기초를 다지는 공부임을 잊어서는 안 된다.

### 4. 질문 수첩을 만들어라

대부분의 학생들은 일단 교재를 한번 쭉 읽는다. 그런 다음 문제를 풀어보고 점수를 매겨본다. 틀린 방법은 아니지만, 이렇게 하면 공부가

재미있는 것이 오히려 이상하다. 단순히 머릿속에 지식을 쑤셔넣는 공부는 재미가 없다. 공부의 재미란 모르는 것을 알 때 생기는 법이다. 즉, 공부가 재미있으려면 일단, '궁금해하는 것'이 있어야 한다.

교재의 내용을 읽을 때, 그냥 읽지 말고 자신에게 질문을 하면서 읽어야 한다. '이건 무슨 뜻이지?', '그럼 이건 어떻게 되는 거지?' 이렇게 질문을 던져보라. 그러다보면 그 답을 나 스스로 찾을 수 없는 부분이 생긴다. 아무리 고민해도 알 수 없는 그런 부분, 다른 책을 뒤져봐도 모르는 그런 내용을 수첩에 옮겨 적는 것이다. 이것이 '질문 수첩'이다. 예를 들어, 나 같은 경우는 항등식과 방정식이 구분이 안 되던 때가 있었다.

'어차피 둘 다 문자로 되어 있고 등호가 있는 식인데, 도대체 뭐가 다르다는 거지?'

나는 '방정식과 항등식의 차이'라고 수첩에 옮겨 적고 쉬는 시간마다 이 친구 저 친구를 찾아다니면서 물었다. 나보다 공부를 못하는 친구에게 물어보는 것도 마다하지 않았다. 등수는 나보다 낮지만 특정 부분은 나보다 더 잘 알고 있는 경우가 많았다. 아무도 아는 사람이 없으면 교무실에 가서 선생님께 물어보았다. 그러면 결국에는 해결되었다.

'아, 항등식은 문자에 어떤 숫자가 대입되더라도 등호가 성립하는 식이고, 방정식은 특정한 숫자를 대입해야 성립하는 식이구나!'

이렇게 '깨우치게 되니' 공부가 너무 재미있었다. 정확히 말하면 공부가 재미있다기보다는 '몰랐던 것을 알게 되는 것'이 재미있었다.

의욕이 생기지 않는다면 질문 수첩을 만들어보자. 모르는 것이 생기면 그곳에다가 옮겨 적고, 가지고 다니면서 사람들에게 물어보자. 몇 번만 물어봐도 금방 효과를 볼 수 있다.

## 5. 가장 강력하고 중요한 방법

주위를 둘러보라. 게임을 하는 친구 중에 혹시 이렇게 말하는 녀석이 있던가?

"내가 어떤 게임을 하는데, 요새 의욕이 나지 않아. 해도 안 될 것 같고 미치겠어."

아마 잘 없을 것이다. 공부를 하는 사람은 의욕을 쉽게 잃어도, 게임을 하는 사람은 그렇지 않다. 이유는 간단하다. 게임에서는 내가 노력한 결과가 눈으로 보인다. 몬스터를 한 마리 잡을 때마다 경험치가 얼마나 올랐는지 보이고, 게임을 얼마나 더 해야 레벨이 오르는지 알 수 있다. 그래서 항상 재미있고 슬럼프 따위도 찾아오지 않는 것이다.

반면 공부는 그렇지 않다. 도대체 실력이 향상되고 있기는 한지, 앞으로 얼마나 더 공부해야 성적이 오르는지 전혀 알 수 없기 때문에 답답해진다. 어쩌면 공부란 경험치 상승을 나타내는 그래프가 없는 게임과도 같다. 오늘 내가 단어 100개를 외웠다고 해도 다음 시험에서 점수가 얼마나 오를지, 아니 오르기는 할지 도통 알 수가 없다.

그러나 명심하라. 그 시간들이 쓸모없는 게 아니다. 당장 눈에 보이지 않을 뿐, 나의 '공부 경험치'는 차곡차곡 쌓여가고 있다. 일정한 공부분량이 채워지면 성적은 빵! 터지게 된다.

지금까지 의욕을 되살리기 위한 많은 조언을 했다. 그런데 진정한 공부의 고수들을 보면, 의욕이 없는 자신의 마음상태를 어떻게든 해결하려기보다, '그냥 참아내는' 사람들이 더 많다. 어쩌면 공부의 가장 중요한 자질은 그런 인내심이 아닐까?

공부하기 싫어도 참고, 공부를 멈추지 마라. 이것이 의욕에 관한 마지막, 그리고 가장 중요한 조언이다. 언젠가는 성적이 오르리라는 믿음을 가지고 오늘의 목표에만 충실하다보면, 어느 날 당신도 갑자기 확 오른 성적에 깜짝 놀라게 될 것이다.

## Q19

# "친구가 공부하는 게 자꾸 신경 쓰여요"

'마거릿 미첼'이라는 이름 없는 작가가 있다. 이 작가는 소설을 쓰고 있었다. 그러던 어느 날 '스티븐 베네'라는 또 다른 작가가 자신이 쓴 작품을 미첼에게 보내왔다. 그것은 '존 브라운의 시신'이라는 제목의, 미국 남북전쟁을 소재로 한 서사시였다. 마거릿 미첼은 그 작품의 완성도와 훌륭함에 너무나 감탄했다.

문제는 다음이었다. 방금 읽은 스티븐의 작품과 자신이 쓰고 있던 소설을 비교해보니, 자신이 쓰던 소설이 너무나 형편없게 느껴진 것이다. 마거릿은 참담한 기분을 느꼈고, 열등감에 빠졌다. 자신이 쓰던 소설 원고를 보며 '이따위 쓰레기 같은 소설은 누구도 읽지 않을 거야.'라고

생각하며, 자신이 쓰던 소설 원고를 옷장 안에 처박아두었다. 그러나 반년이 흐른 뒤, 주위의 충고로 마거릿은 처박아둔 그 원고를 다시 꺼낸다. 그리고 1936년, 결국 원고를 완성한다. 마거릿이 옷장에서 꺼내 완성한 이 소설은 바로 『바람과 함께 사라지다』였다.

1,000페이지가 넘는 대작으로, 완성하는 데만 10여 년이 걸린 이 작품은 출간된 지 6개월 만에 100만 부가 팔렸고, 출간 다음해에는 퓰리처상을 수상했다. 이 작품을 바탕으로 한 영화는 제12회 미국 아카데미 시상식에서 작품상, 여우주연상, 여우조연상, 감독상 등 8개의 상을 휩쓸었다. 지금도 미국인들은 가장 사랑하는 영화로 「바람과 함께 사라지다」를 꼽는다. 만약 미첼이 스티븐과 자신을 비교하는 마음에서 벗어나지 못했다면 어떻게 되었을까? 아마 우리는 한 세기에 있을까 말까 한 그런 위대한 걸작을 만나지 못했을 것이다.

비교하는 마음은 성공을 가로막는 가장 강력한 적이다. 우리 주위에는 항상 나보다 예쁜 사람, 나보다 잘생긴 사람, 나보다 돈이 많은 사람, 나보다 운동을 잘하는 사람, 나보다 인기가 많은 사람, 나보다 공부를 잘하는 사람이 있다. 나보다 잘난 그들은 항상 유령처럼 내 주위를 맴돌며 나를 힘들게 한다.

공부는 자신감이 없으면 잘할 수 없다. 그런데 비교하는 마음이 만든 열등감이라는 놈은, 그나마 나에게 조금이라도 남아 있던 자신감을, 마치 봄날 따뜻한 햇살이 눈을 녹이듯 깨끗이 없애버린다. 자신이 남보다 못하다고 생각하고 있는데 어떻게 '나는 할 수 있다.'는 자신감이 생기겠는가? 성적을 올리고 싶다면 이 열등감을 반드시 없애야 한다.

남과 자신을 비교하는 마음은 사실 도덕적으로도 옳지 못한 일이기도 하다. 왜냐하면 남과 비교해 자신이 못하다고 생각하는 사람은, 그 '공부'라는 가치로 사람의 우열을 판단하고 있다는 말이기 때문이다. 자기보다 잘난 사람을 인정한다는 것은, 자기보다 못난 사람도 인정한다는 말이다. 때문에 비교하는 마음을 가지고 있는 사람은 사실 교만한 사람이 될 위험이 있다.

열등감과 교만은 비교하는 마음이라는 동전의 양면에 불과하다. 열등감에 빠지든, 교만함에 빠지든 결국 그 두 가지는 남과 자신을 비교하기 때문에 일어나는 결과인 것이다. 그러므로 열등감을 가진 사람은 교만하게 되기 쉽고, 교만한 사람은 열등감에 빠지기 쉽다.

고등학교 때 우리 반에는 말 그대로 '엄친아'가 있었다. 한번 본 건 다 외워버리고, 머리 회전도 빨랐다. 말도 유창하게 잘했고, 운동도 너무 잘했다. 게다가 얼굴까지 잘생겼다. 내가 공부를 못할 때는 그 학생에게 아무런 관심이 가지 않았다. 어차피 나와는 다른 세계의 사람인데, 녀석이 잘나든 못나든 나와 무슨 상관인가? 그런데 내가 공부를 열심히 하기로 마음먹은 다음부터는 계속 신경이 쓰이는 것이었다. 자꾸 나와 비교가 되었다.

나는 영어지문 하나를 가지고 계속 끙끙대고 있는데, 그 녀석은 벌써 영어 공부를 다 끝냈다. 나는 수학문제 하나 풀 때 그 녀석은 모의고사 한 회 분량을 다 풀어냈다. 나는 중학교 수학을 복습하고 있는데, 그 녀석은 벌써 고3 수학을 풀고 있었다.

나는 한동안 그 녀석 때문에 공부가 제대로 되지 않았다. 나는 아무리 해도 저 녀석처럼 될 수 없을 것 같았다. 그러다 문득 생각했다. '어차피, 공부란 내가 투자한 만큼 가져가는 것이다. 열심히 하면 한 만큼 가져가는 것이다. 가끔 자신이 쏟은 노력 이상의 결과를 얻는 천재들이 있지만, 저런 녀석들은 복권에 당첨된 것과 같은 것이다. 부럽긴 하지만 나하고는 아무 상관없는 일이다.' 이렇게 생각하고 나니 마음이 한결 편해졌다.

나와 비슷한 경험을 하고 있는 사람이 있다면 스스로에게 눈을 돌려 자신만 바라보라고 말하고 싶다. 친구들과 나를 비교하지 않고, 내가 가지고 있는 가능성에만 집중하는 것, 그리고 내가 할 수 있는 일에만 몰입하는 것이 진정한 공부의 능력이다. 열등감을 없애려면 처음부터 비교를 하지 말아야 한다. 나보다 잘난 사람, 혹은 나보다 열심히 하는 친구는 그냥 무시하는 것이 최선이다.

# "자신감을 잃어버린 것 같아요"

"나를 죽이러 왔나?"

백발마저 다 빠질 정도로 늙어버린 '사이토'가 나지막이 내뱉는다. 그 말을 들은 주인공 '코브'는 작은 팽이를 책상 위에 놓고 돌린다. 신기하게도 팽이는 쓰러지지 않고 계속해서 돌아간다. 비현실적으로 움직이는 팽이를 보며 그동안의 수십 년 인생이 한낱 꿈이었음을, 코브와 마주앉아 팽이를 쳐다보고 있는 지금의 현실도 꿈임을 깨닫는 순간, 늙은 사이토는 비로소 꿈에서 깨어나게 된다.

영화 「인셉션」에서 주인공 코브가 사이토의 눈앞에서 돌린 이 팽이는 '토템'이라 불린다. 영화에서 말하는 토템이란 쉽게 말해 꿈과 현실을 구별해주는 도구다. 현실에서는 팽이가 조금 돌다가 곧 쓰러지지만, 꿈속에서는 영원히 돌아간다. 따라서 토템이란 일종의 '객관적인 증거'이자 내가 누구인지, 이곳은 어디인지, 나는 무엇을 하고 있는지를 깨닫게 해주는 도구다.

너무 거창하게 들릴지 모르지만, 나는 공부를 하는 사람이라면 누구나 이와 같은 토템이 필요하다고 생각한다. 좌절과 열등감이 하루에도 수십 차례 휘몰아치는 이 꿈속 같은 현실에서 나 자신을 흔들리지 않게 붙잡아주는 '자신감의 토템' 말이다. 그러나 자신감을 만드는 것은 쉽지 않아 보인다. 거울을 쳐다보며 '아냐, 난 할 수 있어!'라고 아무리 외쳐도 쉽사리 자신감이 생기지 않는 이유는 무엇일까? 분명히 하루 종일 공부를 꽤 많이 한 것 같은데도, 집으로 돌아가는 내 가슴속에서 불안감이 솟구치는 이유는 무엇일까? 이유는 간단하다. 자신감이 생길 만큼의 '객관적인 근거'가 없기 때문이다.

우리가 자신감을 잃어버리는 패턴은 항상 똑같다. 일단 성적이 오르지 않거나 계획한 공부를 끝내지 못했다 등의 안 좋은 결과가 생기면 마음속에서 불안감이 솟구친다. '과연 내가 해낼 수 있을까?' 하는 생각과 더불어 예전의 실패의 기억들이 잇따라 떠오른다.

그때도 성공하지 못했는데, 이번이라고 뭐 다를 게 있을까? 괜히 헛된 희망을 품고 되지도 않을 일에 매달리느니, 차라리 포기하고 마음 편하게 사는 게 낫지 않을까? 마치 끝없는 꿈속에서 길을 잃어버린 늙은 사이토처럼, 우리에게도 '희망'이라는 한 가닥 거친 밧줄을 부여잡고 있는 손의 힘을 빼버리고 싶은 충동이 찾아온다.

그럴 때마다 우리는 컴퓨터로, TV로, 친구들과 노는 것으로 도망친다. 그러나 그렇게 도망쳐서 현실을 잊어버리면 어떻게 될까? 단지 그 시간 동안 공부를 안 한 것만 문제가 되는 게 아니다. 그런 식으로 의미없이 흘려보낸 시간들에 대한 후회와 불안 때문에 세월이 갈수록 더욱 자신감을 상실하는 것이 진짜 문제다. 공부가 무섭고, 시험이 두려워지는 악순환이 시작되는 것이다.

만약 이럴 때 흔들리지 않는 자신감의 토템이 있다면 우리는 그것을 근거로 힘든 공부를 계속해나갈 수 있을 것이다. 물론 그렇다고 해서 아무런 근거도 없이 스스로에게 "아냐, 나는 할 수 있어!"라고 다짐하는 것은, 꿈속에서 "이건 꿈이 아닐 거야."라고 외치는 것과 별반 다르지 않다. 다시 말해 쉽게 흔들리는 가짜 자신감인 것이다. 공부를 하면서 흔들리지 않는 자신감의 토템을 만들려면 '객관적이고 현실적인 증거'가 있어야 한다. 눈에 똑똑히 보이는 것 말이다. 이제 내가 사용한 몇 가지 토템을 소개하고자 한다.

### 1. 공부의 호흡을 최대한 길게 잡아라

공부와 휴식을 짧게 번갈아 하는 방법(예를 들어 40분 공부하고 20분씩 쉬는 것의 반복)은 상위권 이상 학생들의 공부 방법이다. 왜냐하면 상위권 학생들은 나름대로 집중해서 공부하고, 같은 시간에 보는 양도 다른 사람들보다 많기 때문에(즉 머리를 많이 쓰면서 공부하기 때문에) 40분만 공부해도 지쳐버린다. 따라서 그때마다 틈틈이 쉬어주는 것이 효과가 있다. 쉬지도 않고 계속해서 도끼질을 하는 나무꾼보다 때때로 그늘에 앉아 쉬면서 무뎌진 도끼를 갈아주는 나무꾼이 나무를 더 빨리 쓰러트린다는 논리다.

그러나 중상위권 이하의 수준이라면 공부의 효율도 중요하겠지만, '자신감'을 되찾는 것이 더욱 중요하다. 내가 얼마나 집중해서 공부했는지를 객관적으로 측정하기는 불가능하다. 집중해서 공부했다고 하더라도 그 사실이 바로 자신감으로 연결되지는 않는다. 그러나 '죽을 것 같이 힘들었는데 2시간을 참고 버텼다!', '의자에서 일어나지도 않고 3시간 연속으로 공부했다!' 등등의 객관적인 사실은 곧바로 자신감의 토템이 된다. 그런 구체적인 성공의 기억이 있으면 다음에는 공부가 더 쉬워진다.

여기서 오해하지 말아야 할 것은, 몇 시간이고 무조건 죽치고 앉아서 쉬지도 않고 공부하는 것이 효율적이라고 말하고 있는 것이 아니라는 사실이다. 단지 평소에는 자기 스타일대로 하되, 종종 최대한 버티는 연습이 필요하다는 이야기다.

예를 들어 100미터 달리기를 연습하는 사람은, 100미터만 달리지 않는다. 그보다 더 긴 500미터나 1,000미터도 달려보다가, 다시 100미터를 달려보면 훨씬 쉽고 가깝게 느껴지면서 자신감이 생기는 원리다. '이보다 더 힘든 것도 해봤는데, 이 정도야.'라는 마음이 생기는 것이다. 이런 게 객관적인 자신감의 토템이다.

### 2. 시험 직전에는 일부러 책을 더럽힌다

시험이 얼마 남지 않았는데도, 깨끗한 채로 남겨져 있는 문제집만큼 자신감을 떨어트리는 것도 없다. 물론 열심히 문제를 풀어서 책이 너덜너덜해졌다면 최고로 아름다운 시나리오겠지만, 안타깝게도 우리의 인생은 성공스토리 영화가 아닌, 공포 영화의 시나리오대로 흘러갈 때가 많다.

이런 상황에서, 어떻게 하면 시험을 해피엔딩으로 마무리할 수 있을까? 내가 사용한 방법 중에 추천할 만한 방법이 있다. 그것은 바로, '교재를 최대한 더럽히며' 공부하는 것이다.

이때 더럽히라는 말의 뜻은, 예컨대 교재의 모든 문장을 연필로 줄을 죽죽 그어가며 읽는다든지, 혹은 조금이라도 중요한 것 같으면 망설임 없이 형광펜으로 팍팍 칠해버린다든가, 혹은 별표를 '왕만두'처럼 크게 그리는 것과 같이, 이 책을 내가 공부했다는 생색을 제대로 내는 방식이다.

이렇게 하는 데는 두 가지 이유가 있다. 첫째는 '자신감'이다. 시험이 다 되어가는 데 아직도 깨끗한 교재들이 책장에 가득하면 자신감이 뚝 떨어진다. 그러나 알든 모르든 일단 교재에 줄도 많이 긋고 각종 표시도 많이 해서 '그래도 이건 내가 공부한 것이다!'라는 일종의 '도장'을 찍어두면 이상하게도 자신감이 생긴다. 시험에서는 자신감이 점수에 큰 영향을 미친다.

두 번째는 '속도'다. 이상하게도 시험이 가까울수록 머리가 평소보다 안 돌아가는 경우가 많다. 긴장이 되어 그런지 문제도 늦게 풀리고 암기도 잘 안 된다. 그러나 이처럼 연필로 줄을 죽죽 그으면서 공부하면, 공부의 속도도 거기에 맞춰진다. 그래서 머리가 제대로 돌아가지 않을 때도, 마지막 정리를 제시간 내 끝내는 데 큰 도움이 된다.

### 3. 자신만의 토템을 만들어보라

눈에 보이는 거라면 무엇이라도 좋다. 열심히 한 흔적, 혹은 작은 성공의 기념비는 모두 훌륭한 토템이 된다. 실수한 수학문제를 정리한 포스트잇으로 방 안을 도배하는 것도 좋고, 낙서가 하나도 안 되어 있고 문제풀이만으로 너덜너덜해진 연습장을 버리지 않고 가지고 있는 것도 좋다.

또는 계획한 것을 80퍼센트 이상 지키면 달력에서 그날 날짜를 빨간

색으로 칠하고, 그렇게 온통 새빨개진 달력을 벽에 차례대로 붙이는 것도 좋다. 오답노트가 효과가 있는 것은 부족한 부분을 시험 직전에 되새긴다는 그 한 가지 이유뿐만이 아니다. 문제집이나 참고서를 반복해서 보면서 추리고 추린 오답노트가 토템의 역할을 하기에 효과가 있는 것이다.

나는 문제집의 정답을 매길 때, 맞은 문제는 빨간색 색연필로 큼지막하게(문제번호의 크기만큼이 아닌 해당 문제 전체 크기만큼 크게) 동그라미를 치고는 했었다. 반면에 틀린 문제는 아주 조그맣게(까만 볼펜으로 작은 별표만) 표시했었다. 그렇게 표시하고 나니 언뜻 보면 대부분을 맞힌 것 같아 보여서, 점수에 상관없이 자신감이 생겼기 때문이다. 그렇다고 꼭 이대로 따라하라는 말이 아니라, 이런 식으로 여러분 자신만의 토템을 만들어보라는 소리다.

# "시험 부담감이 크고 자꾸 불안해져요"

나는 예전에 시험이 치러지기 전날에는 '망했다.'는 생각에 공부가 손에 잡히지 않았다. 시험 직전에는 머리가 새하얗게 되면서, 땀이 비 오듯이 쏟아졌다. 시험지를 받아들면 갑자기 배가 아프고 온몸의 열이 얼굴로 확확 올라왔다. 볼펜을 잡은 손을 덜덜 떨면서 이 지옥 같은 순간만 벗어날 수 있다면 무엇이든 할 수 있을 것 같다고 생각했다.

하지만 나중에는 변했다. 시험이 오히려 기다려졌고, 과연 내 실력이 얼마나 성장했을지, 이번에는 성적이 얼마나 오를지 기대가 됐다. 물론 긴장은 했지만 그 긴장감은 마치 비행기게임을 할 때, 적기가 발사한 총알을 피할 때 느꼈던 것과 같은 기분 좋은 긴장감이었다. 언제부턴가 나는 시험 직전에 더 이상 소화제도 두통약도 먹지 않았다.

시험 부담감을 줄이는 가장 확실한 비결은 바로 '철저한 준비'다. 학생들은 준비를 제대로 하지 않은 채 시험 때 느끼는 부담감이나 불안감을 제거할 수 있는 방법을 찾는다. 그러나 제대로 준비하지 않고 편안한 마음으로 시험을 치를 수 있는 사람은 공부를 포기한 사람뿐이다.

만약 시험 부담감이 너무 커 이길 수 없을 정도라면, 그것을 극복하는 길은 평소에 준비를 철저히 하는 것뿐이라는 사실부터 명심해야 한다. 시험 때 볼펜을 잡은 손을 덜덜 떨면서도, 정작 시험이 끝나면 이제 해방이라며 친구들과 함께 노래방에 가는 학생은 자신의 마음자세부터 점검할 필요가 있다.

그럼 준비를 제대로 못 한 사람은 시험이 끝날 때까지 마음을 억누르는 부담감을 이길 방법이 없는 것이냐고 물으면, 꼭 그런 것은 아니다. 공부를 열심히 했다 하더라도 시험 때 전혀 떨지 않을 만큼 완벽히 준비를 할 수 있는 사람은 드물다. 그리고 준비를 덜 했다고 하더라도, 떨지 않고 시험을 치를 수 있는 몇 가지 방법들이 존재한다.

### 1. 정답을 미리 표시하고 문제를 풀어라

『박철범의 하루공부법 1』에서 수능 기출문제를 이런 방식으로 풀어 볼 것을 조언한 적이 있다. 정답을 미리 표시하고 풀면 빠르게 많은 문제를 풀어볼 수 있고, 다양한 문제 유형들을 단시간에 머릿속에 정리할 수 있다. 그런데 이 방법을 시험 직전에도 사용하면 시험 부담감을 줄이는 데 매우 큰 효과가 있다.

부담감은 실패해서는 안 된다는 강박관념 때문에 찾아온다. 틀릴까 봐, 점수가 떨어질까 봐 무서운 것이다. 그러나 풀어보지 않은 문제의 정답을 미리 표시해놓고 왜 이 문제의 정답이 이것이 되는지만 생각하며 문제를 푼다면 그런 부담감은 전혀 없다. 신기한 것은 시험 직전에 이렇게 문제를 풀면 그런 부담감 없는 마음상태가 시험을 치를 때도 유지된다는 것이다. '뭐야, 비슷한 문제잖아? 이 문제도 아까 내가 푼 문제처럼 이러이러해서 답이 이게 되는 것 아냐?'라는 마음이 생기게 되고, 사실 대부분의 문제의 경우 그 생각대로 답을 쓰면 거의 정답이다.

## 2. 보던 것만 계속 반복한다

'내가 미처 공부하지 못한 부분에서 문제가 나오면 어쩌지?'라는 생각은 모든 학생들의 공통된 불안이다. 그러나 시험 직전까지 보지 않은 부분이라면 시험 직전에 허겁지겁 본다 해도 좀처럼 이해되거나 암기 또는 정리되지 않는다. 오히려 시간만 낭비하는 것이다.

내 경험상 시험을 치를 때 문제가 되는 부분은 '분명히 공부를 했는데 기억이 가물가물한 부분'이다. 따라서 시험 직전에는 이런 애매한 부분을 한 번 더 반복하는 것이 현명한 방법이다. 시험 직전에 본 완전히 새로운 내용은, 그것을 보았다 한들 머릿속에 제대로 남지도 않을 뿐더러 안 그래도 불안한 마음을 더욱 걷잡을 수 없게 만드는 현명하지 못한 행동이다.

내신시험이라면 일주일 전부터, 수능시험이라면 한 달 전부터는 새로운 부분은 더 이상 보지 않는다. 모든 시험의 원리는 마찬가지여서, 봤던 것을 또 보면서 점수가 오르는 것이지, 미처 보지 못한 부분을 시험 직전에 공부해서 점수가 확 오르는 경우는 거의 없다.

## 3. 내가 공부한 만큼만 성적을 받겠다고 마음먹어라

사실 시험 부담감 부분은 공부 방법의 문제가 아니라 마음의 문제다. 따라서 마음가짐을 어떻게 가지느냐에 따라 순식간에 해결될 수도 있고 그렇지 못할 수도 있다. 결론부터 말하자면 '어떻게든 성적을 잘 받아야겠다!'라는 마음을 버리는 것이 중요하다. 이 말에 대해 의아하게 여기는 독자들도 있을 것이다. 왜 이런 마음을 버려야 하는지 살펴보자.

'부담감'이라는 것은 ① 성적은 잘 받아야 되는데, ② 준비는 그만큼 되어 있지 않다고 느낄 때 찾아오는 현상이다. 그러면 방법은 두 가지다. 평소에 준비를 착실하게 해서 ②번을 해결하는 방법과 ①번을 해결해서 성적을 잘 받아야겠다는 마음을 버리는 것이다.

그러나 이것이 시험을 포기하라는 말은 절대 아니다. 그저 공부한 만큼만의 성적만 받겠다는 마음을 의미한다. 즉 '반드시 잘 쳐야지.'라는 마음도, '이번 시험은 포기해야지.'라는 마음도 아닌 그 중간의 마음가짐이다. 내가 제대로 준비하지 못한 부분에 대한 성적 하락은 억울하지만 감수하겠다는 마음을 가져야 한다. 그게 장기적으로 이익이다.

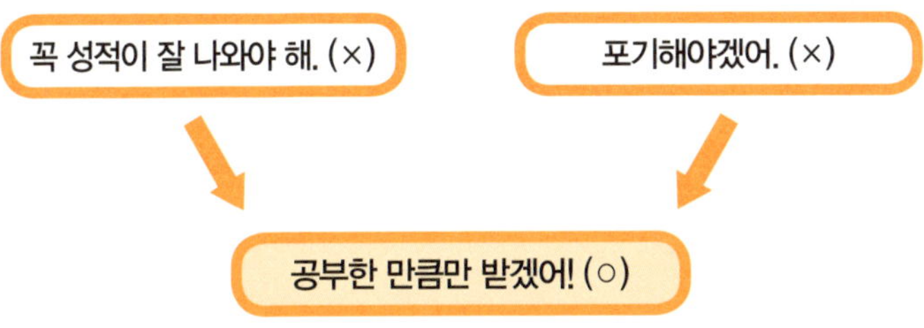


시험 한 번으로 인생이 결정되지는 않는다. 중간고사가 끝나면 기말고사가 있고, 내신이 결정돼도 수능이 있으며, 수능 이후에도 여러 가지 시험이 있다. 각각의 시험 점수가 그 사람의 삶을 좌우하는 것이 아니라, 시험을 준비하고 치르는 과정에서 보여준 그 사람의 정직함과 성실함이 그 사람의 삶을 좌우한다. 준비를 덜 해서 이번 시험은 성적이 잘 나올 것 같지 않다면 그 억울하고 분한 마음을 그대로 간직했다가 다음 시험을 준비할 때 쏟아부어야 한다. 공부라는 길은 내가 준비한 만큼만 받겠다는 정직한 마음을 가진 사람이 결국, 승리하는 곳이다.

PART
5

# **과목관리,** 주요 과목을 더 효과적으로 공부하기 위한 멘토링

# "공부하는 순서를 알려주세요"

막상 공부를 해보려고 하는데, 뭘 어떻게 해야 할지 잘 모르겠다는 질문들이 많았다. 그냥 교과서를 펼쳐놓고 쭉쭉 읽어나가면 되는 걸까? 암기부터 해야 하나? 물론 공부에도 순서가 있다. 이것은 내신시험부터 운전면허시험에 이르기까지 모든 공부에 공통적으로 적용되는 원리다. 그 순서를 차례로 살펴보자.

### 1. 목차를 보면서 개관한다

책을 편 다음 가장 먼저 해야 할 것은 바로 목차를 보는 것이다. 목차

는 공부의 뼈대 같은 것이다. 목차 없이 공부하는 학생의 머릿속에는 단편적인 지식들이 여기저기 흩어져 있다. 문제를 풀 때 그 지식이 필요해서 찾으려고 해도 내용이 기억이 잘 나지 않는다. 목차를 보는 것은 내가 공부해야 할 큰 틀을 미리 확인하는, 공부의 첫걸음이다.

목차는 어떻게 공부해야 하는가? 딱히 '공부'라는 표현까지 쓸 필요는 없다. 그냥 목차를 펼쳐놓고 지금부터 무엇을 배우게 되는지 '확인'하면 된다. 복사하는 것이 귀찮다면 공부를 처음 시작할 때 1분만이라도 목차를 읽기만 하라. 공부의 효율이 높아질 것이다. 또한 공부를 시작할 때뿐 아니라 공부를 하는 도중에도 계속 목차를 확인하면서, 내가 지금 어느 부분을 공부하고 있는지 계속 확인해야 한다.

## 2. 내용을 정확히 이해한다

이해는 공부 과정에서 가장 중요한 부분이다. 정확한 이해 없이 공부를 잘하기는 힘들다. 또한 이해가 안 되던 부분이 갑자기 이해됐을 때의 기쁨은 공부가 주는 큰 재미 가운데 하나다. 만약 이해를 못 했는데도 불구하고 '이건 그냥 외워두자.'는 식으로 넘어가버리면 공부가 정말 재미없어진다.

뿐만 아니라 이해를 하면 암기할 양이 크게 줄어든다. 쉬운 예를 들어보자. 원자번호 1번은 수소다. 수소 원자에는 하나의 양성자와 하나의 전자가 있다. 원자번호 2번은 헬륨이다. 헬륨 원자에는 2개의 양성자와 2개의 전자가 있다. 이런 식으로 원자번호가 증가할 때마다, 양성자도 하나씩, 전자도 하나씩 늘어난다. 이 사실을 '이해'만 한다면 '산소의 양성자는 8개', '플루오르의 전자는 9개'와 같은 사실은 전혀 암기할 필요가 없다. '원자번호 = 양성자수 = 전자수'이기 때문이다. 산소의 원자번호는 8번이니 당연히 양성자도 8개, 전자도 8개다. 그러므로 이해를 정확하게 하는 학생의 공부량은 크게 줄어드는 것이 당연하다. 이처럼 암기할 양을 줄이기 위해서라도 정확한 이해는 필수다.

그러나 '이해하자.'고 마음을 먹는다고 저절로 이해되는 것은 아닐 것이다. 깊게 이해하면서 공부를 하려면 해당 내용에 대한 '비판적 질문'과 '한계 설정'을 해야 한다. 그러지 않으면 이해가 되지 않았는데도 이해했다고 착각하게 된다. 쉬운 예를 들어보자.

**커브길은 천천히 돌아야 한다.**

이 문장을 이해했는가? 그렇다면 다음 2개의 문장 중에서 어느 것이 옳은 것일까?

1. **커브길에서는 속도를 '낮춰야' 한다.**
2. **커브길에서는 속도를 '올려야' 한다.**

망설임 없이 1번, '속도를 낮춰야 한다.'를 정답으로 골랐다면 아직 이해하는 공부가 부족한 학생이다. 무슨 말일까? 커브길을 천천히 돈다는 것과, 커브길에서 속도를 낮춘다는 말은 전혀 다른 말이기 때문이다. 커브길에서 속도를 낮추고 있다는 말은, 지금은 속도가 빠른 상태라는 말이다. 만약 커브에 이미 진입했는데 브레이크를 밟아서 속도를 급격하게 낮추면 어떻게 될까? 브레이크를 밟게 되면 돌고 있던 바퀴가 그대로 멈춰버린다. 만약 눈이 내려서 빙판길이 된 상태라면 바퀴가 돌지 않는 자동차는 미끄러지게 되고, 길 밖으로 튕겨나갈 수도 있다. 속도는 커브길에 도착하기 전 미리 충분히 줄여놓아야 한다. 자동차의 속력이 충분히 떨어지면 천천히 속력을 올리면서 커브를 돌아야 한다. 따라서 정답은 2번이다. 아무 생각 없이 문장을 눈으로 쭉쭉 읽으면서 공부하면, 이처럼 원래의 뜻과는 정반대로 이해를 할 수 있다.

아까 '비판적 질문'과 '한계 설정'이 필요하다고 했었다. 이게 무슨 말인가 하면 '커브길은 천천히 돌아야 한다.'는 문장을 보면서 '그럼 속도를 올리라는 말인가, 내리라는 말인가?'라는 질문을 던질 줄 알아야 한다는 말이다. 즉 내가 보고 있는 문장이 어디까지 설명하고 있는 문장인지, 그 '한계를 정확히 설정'해서 받아들여야 한다는 것이다. 이것이 제대로 이해하는 공부의 기본이다.

다른 예를 하나 더 들어보자. 4의 약수의 총합은 얼마일까? 4의 약수는 1, 2, 4 이렇게 3개니까 그걸 더하면 1 +2 +4 = 7, 그래서 정답은 7

일까? 그렇지 않다. 약수라는 것은 다른 수와 곱해서 그 수가 되는 숫자다. 예를 들어 2×3=6이기 때문에 2와 3은 6의 약수다. 1×6=6도 성립하기 때문에 1과 6도 6의 약수다. 그렇게 따진다면 -2×(-3)=6의 식도 성립하기 때문에 -2와 -3도 6의 약수가 된다. 즉 음수도 약수가 될 수 있다. 그러니 4의 약수들의 총합은 7이 아니라 0이 된다. 음수도 약수이기 때문이다. 그래서 수학문제를 보면 항상 '양의 약수의 개수를 구하라'는 식으로 문제가 나온다.

'왜 굳이 양의 약수라는 말을 썼을까?' → '설마? 그럼 음의 약수도 존재한다는 말 아냐?' → '어라, 그러네! 그럼 이때까지 내가 잘못 알고 있었네!' 이렇게 약수의 개념을 정확히 이해 못했다 하더라도, 비판적 질문을 던지는 자세를 가지고 공부하면 올바른 이해에 도달할 수 있는 것이다. 그렇기 때문에 공부를 하면서 반드시 '왜 하필?'이라는 '비판적 질문'을 던져야 한다. 그래야 약수라는 것이 양수를 의미하는 개념인지, 양수와 음수를 포함하는 개념인지, 그 '한계를 설정'해서 이해할 수 있다.

### 3. 이해한 내용을 정리한다

이해했다고 공부가 끝난 것은 아니다. 이해는 '지금' 된 것이기 때문이다. 시간이 지나면 또다시 이해가 안 된다. 때문에 한번 공부한 것은

반드시 정리를 해두어야 한다. 어떻게 보면 정리가 이해보다 더 중요할 수도 있다. '원소'와 '원자'의 차이를 이해했는가? 아직 공부가 끝난 것이 아니다. 반드시 정리해두어야 한다. 이해한 내용을 지금 노트에 정리해두지 않으면 시험에 아무 소용이 없다. '고려시대의 향리'와 '조선시대의 향리'의 차이점을 정확히 이해했다면 그 순간 바로 노트에 정리해두어야 한다.

## 4. 암기로 내용을 내 것으로 만든다

단순암기는 공부를 지루하게 만드는 주요 원인이다. 나도 단순주입식교육, 암기 위주의 공부는 잘못됐다고 굳게 믿고 있다. 그러나 그건 암기가 중요하지 않다는 말이 절대 아니다. '암기'라는 공부의 마지막 단계는 반드시 거쳐야 하는 필수 단계다. 이해하지 않고 외우기만 하는 공부가 해롭다는 것이지, 외우는 것이 해롭다는 것은 절대 아니다. 오히려 암기를 해야만 이때까지 한 공부가 비로소 완전히 내 것이 된다.

흔히들 '암기보다 사고력과 창의력이 중요하다.'고 한다. 그러나 암기가 되어 있지 않으면 사고력과 창의력은 절대 생기지 않는다. 예를 들어 삼국시대의 지방 세력가는 '촌주'이고, 고려와 조선의 지방 세력가는 '향리'라는 사실을 일단 암기해야만, 비로소 '어라? 삼국시대에는 왜 향리라는 말을 쓰지 않지? 서로 다른 개념인가?'라는 심도 있는 의

문을 던질 줄 아는 것이다. 공부의 마무리는 암기다. 성적을 가르는 것도 결국은 암기다. 남들보다 영어단어를 모르는 친구가, 남들보다 영어성적이 높은 경우를 본 적이 있는가? 남들이 다 외우는 것을 외우면 중위권이 될 수 있다. 그걸 좀 더 완벽하게 외우면 상위권이 될 수 있다. 남들이 잘 외우지 않는 것까지도 외우면 최상위권이 된다.

## 5. 다양한 문제풀이를 해본다

내용을 정리하고 암기하는 것까지 끝냈다면 이제 다양한 문제를 풀어봐야 한다. 간혹 학생들 중에서는 암기와 정리에만 치중하는 경우가 종종 있다. 이 경우 공부하는 것에 비해 성적이 잘 나오지 않는 경우가 많다. 문제를 많이 풀어보지 않으면 머릿속에 지식은 많이 들어 있는 것 같아도 정작 점수로는 연결되지 않는다. 시험에서는 요령이 상당히 중요한데, 이 요령이라는 것도 결국에는 많은 문제풀이를 통해서만 기를 수 있다.

# "책을 펼쳐도 머리가 돌아가지 않아요"

대부분의 학생들이 공부하는 방법은 Reading(읽기)이다. 팔짱을 끼거나 볼펜을 돌리면서 교재를 쭉쭉 읽어나가는 방법이다. 이렇게 공부를 하면, '눈'만 움직이면 되기 때문에 진도가 빠르게 나간다. 문제는 Reading을 하면 처음에는 잠깐 집중이 될지 몰라도, 시간이 지나면서 슬슬 잡생각이 들기 시작한다는 것이다. 가끔은 아예 꿈나라로 가버릴 때도 있다.

잡생각에 빠져드는 것을 막기 위해 Reading을 보완한 공부 방법이 Writing(쓰기)이다. 연습장을 펼쳐놓고 뭔가를 쓰면서 공부하는 것이다. 이 방법은 Reading보다는 낫다. 아무래도 손이 놀지 않고 뭔가를 쓰고 있으면 확실히 잡생각은 덜 하게 되니까. 따라서 이 방법은 일부 하위권 학생들에게 효과가 있을 수도 있다.

하지만 손은 영어단어를 수십 번 쓰고 있어도 머리로는 다른 생각을 하고 있을 때가 많다. 그러고는 '헉! 내가 언제 단어를 이만큼이나 썼지?'라며 깜짝 놀랄 때가 있을 것이다. 즉, 뭔가를 쓴다고 해서 무조건 집중된다는 것은 아니다. 오히려 골똘히 생각을 해야 되는 부분에서는 'writing'이 집중을 방해할 수도 있다. 그럼 어떤 방법을 써야 할까? 제일 좋은 방법은 바로 Self Communication이다. 즉, 자기 자신과 '대화'를 하는 것이다.

'대화'라는 작업은 머릿속에 있는 공간을 꽤 많이 차지하는 일이다. 친구와 대화를 하고 있는데, 엄마한테 전화가 온다면 어떨까? 아마 둘 다 동시에 하기는 힘들 것이다. 그래서 우리는 친구에게 "잠깐만, 전화 좀 받고."라고 말하는 것이다. 만약 우리가 '대화'의 이러한 속성을 공부에 적용한다면, 쉽게 집중할 수 있을 것이다. 또 다른 자신을 머릿속에 만들어서, 서로 대화하는 것이다.

"삼각형을 이루는 세 직선에서 같은 거리에 있는 점의 개수를 구하래."

"삼각형이 나오고 무슨 점을 구하라고 하면 보통은 외심, 내심 뭐 그런 거 아닌가?"

"그렇겠지. 그럼 외심부터 생각해보자. 외심이 한 각의 이등분선의

교점이던가?"

"그건 외심이 아니라 내심이잖아, 이 멍충아!"

이런 식으로 머릿속으로 대화를 하면서 공부를 하면, 머릿속은 이미 꽉 차게 된다. 집중할 수 있는 것이다. 만약 대화를 하지 않고 혼자서 책의 내용을 쭉쭉 읽어나가면 잡생각에 '빠져버리는' 경우가 많다. '빠져버린다.'라는 말은 자기 스스로 잡생각을 하고 있다는 것을 모르고 있다가, 어느 정도 시간이 흐른 뒤에야 눈치챈다는 뜻이다. '어라? 지금 내가 공부 안 하고 뭐 하고 있지?'라며 깜짝 놀라는 것이다. 하지만 대화를 하면서 공부를 하게 되면, 잡생각이 머릿속에 들어오는 순간 바로 알아차릴 수 있다.

"외심부터 대입해보자. 야! 외심의 정의가 뭐였지?"

"오늘 저녁 드라마는 마지막 회라는군."

"어라, 이 녀석 누구야? 네가 외심에 대해서 빨리 말하지 않으니까, 엉뚱한 놈이 우리 대화에 끼어들잖아!"

"아! 미안해! 외심은 삼각형의 세 변의 수직이등분선이 만나는 점이야!"

스스로 대화를 하면서 공부를 하면, 이렇게 잡생각이 들더라도 그 즉시 차단할 수 있게 되고 그 생각에 빠져버리는 것을 막을 수 있다.

한편, 단순 암기공부를 할 때는 방금 말한 Self Communication 방법이 적절하지 않을 때도 가끔 있다. 무슨 말일까? 예를 들어, 국사 교재에 다음과 같은 내용이 있다고 하자.

각 나라의 제천행사

1.부여: 12월에 '영고'

2.고구려: 10월에 '동맹'

3.동예: 10월에 '무천'

4.삼한: 5월에 '수릿날' 10월에 '계절제'

이런 내용을 공부할 때 스스로 '대화'를 한다면 어떻게 될까?

"야야! 부여는 12월에 영고를 열었대."

"음……. 그래? 음."

이렇듯 대화가 잘 이어지지 않는다. 12월에 영고라는 제천행사가 있었다는 문장은, 그냥 그렇다는 사실을 외워야 하는지라 딱히 대화할 거리가 없다. 이럴 때는 그럼 어떻게 집중해야 하는가? 이때도 방법이 있다. 일단 교재의 문장을 하나 읽어라. 그런 다음, 볼펜으로 가려라. 그 후 방금 읽었던 문장을 머릿속으로 떠올려보라.

'부여는 12월에……. 음……. 영, 영천? 아니, 영맹? 뭐였더라? 아! 맞다. 영고!'

이런 식으로 읽고 재생, 읽고 재생을 한 줄씩 해나간다. 실천해보면 알겠지만 아무리 1초 전에 읽은 내용이지만 다시 생각해내려면 힘들다. 그러나 그렇기에 효과가 확실하다. 머리를 열심히 굴려야 하기에 잡생각이 들어올 틈이 없는 것이다. 또한 교재 개념을 머릿속으로 음미하면서 넘어가기 때문에, 깊이 있는 공부가 되어 상당히 효율적이다.

만약 눈으로 슬쩍 보기만 해도 곧바로 암기가 된다거나 그 문장의 깊은 뜻을 이해할 수 있는 학생이라면 굳이 이렇게 하지 않아도 상관없다. 그러나 나는 그 정도로 머리가 좋은 학생은 서울대에서도 만나본 적이 없다. 반면, 자기 옆에 있는 귀신과 대화라도 하는지 혼자 중얼중얼거리면서, 볼펜으로 책의 문장을 가렸다 뗐다 하는 사람들은 수도 없이 많이 만나봤다.

# "수학 대신 다른 과목을 잘하면 안 되나요?"

이걸 도대체 왜 배울까? 특히 수학 공부를 할 때 드는 의문이다. 국사야 한국인으로서 마땅히 알아야 할 내용들이라 치고, 영어는 나중에 배낭여행이라도 가려면 배워두어야 할 것 같긴 한데, 수학은 도대체 왜 배우는지 모르겠다는 학생들이 많다. 물론 고등학교 때 이과를 선택하고, 대학은 이공계나 자연과학 쪽으로 진학하며, 졸업을 한 다음에는 대학원이나 박사 과정까지 밟으면서 공부할 생각이라면 지금 배우고 있는 수학의 내용은 자신의 미래를 좌우할 만큼 중요한 것일 수도 있다.

그러나 그 외의 학문, 예컨대 법학을 꿈꾸는 학생이라면 어떨까? 내신과 수능점수를 잘 받기만 하면 그 이상 단계에서는 수학이 필요 없는 것일까? 물론 법학에서도 수학적인 계산이 필요할 때가 있다. 범죄자의 형량을 계산하거나 손해배상액수를 계산하는 것은 생각보다 복잡한 수학적 능력을 필요로 한다. 하지만 그 능력이 부족하다고 해도 크게 문제되지 않는다. 시험문제에 나오면 까짓것 하나 틀려주고, 그 노력으로 대신 다른 부분을 열심히 공부하면 점수가 더 잘 나올 수도 있다. 사는 데도 지장은 없다. 편의점 아르바이트를 하면서 일일정산을 할 때 잔액이 부족하면 까짓 몇천 원 내 돈으로 메우면 될 일이지 않겠는가.

여러분 모두가 복잡한 파생금융상품의 설계자가 되거나 슈퍼컴퓨터로 기상이변을 예측하는 과학자가 되지는 않을 테니, 지금 배우는 인수분해가 여러분 앞날의 밥벌이를 결정한다고 주장할 생각은 전혀 없다. 그러니 사회에 나와서도 의외로 수학은 많이 쓰인다느니, 가르쳐줄 때 열심히 배워두라느니 하는 식의 말은 하지 않겠다. 그럼에도 불구하고 수학은 중요하다. 입시에서의 비중이야 잘 알고 있을 것이고, 그보다는 '인생 전체'에 있어서 엄청난 중요성을 가지고 있다. 수학을 잘하는 사람은 값으로 따질 수 없는 이익을 얻게 되는데, 그것은 수학이 길러주는 여러 가지 '능력' 때문이다.

수학을 잘하는 사람은 일단 계산이 빠르다. 이 능력은 여러분이 앞으로의 인생에서 어떤 선택의 기로에 서든, 가장 이익이 되는 방향이 어느 쪽인지 순식간에 계산해서 여러분에게 알려줄 것이다. 이 능력이 있는 사람은 엉뚱한 길에 들어서서 오랜 세월 방황하는 일이 없다.

수학을 잘하는 사람은 또한 창의적인 아이디어를 남들보다 쉽게 떠올린다. 앞으로의 세상은 자신의 시간을 팔아서 그 대가로 임금을 받는 시대가 아니다. 당신이 할 수 있다면 남들도 할 수 있는 일일 것이고, 그렇게 아무나 할 수 있는 일이라면 기계가 더 빠르고 정확하게 할 수 있다. 비싼 연봉이 주어지는 자리는, 남들은 떠올리기 힘든 창의적인 아이디어를 떠올릴 수 있는 사람에게 돌아간다. 그리고 그 능력을 키우는 시간이 바로 지금이다.

마지막으로 수학을 잘하는 사람은 분석력과 종합력이 뛰어나다. 수학문제를 푼다는 것은, 문제되는 상황에서 답에 이르는 길을 머릿속에 대략적으로 그려본 다음, 연습장에 그 방법을 구체화시키는 과정이다. 몇 줄 되지 않는 수학문제를 출발점으로 삼아, 방대한 개념과 원리의 징검다리를 건너서 정답이라는 도착점까지 이르는 과정을 하루에도 수십 번 반복해야 하는 것이 수학 공부다. 그러니 수학을 잘하는 사람은 언제 어떤 상황에 처하더라도 '지금 일이 어떻게 돌아가고 있는지' 파악하는 능력이 뛰어나다. 예를 들어 수학 잘하는 남자가 군대나 직장에서 사랑받지 않는 경우는 드물고, 수학 잘하는 여자가 연애에 실패하는 경우도 드문데, 이것은 그 사람들이 '지금 일이 어떻게 돌아가고 있는지' 파악하는 능력이 뛰어나기 때문이다.

그러므로 인생에 하등 쓸모없을 것 같아 보이는 인수분해 공식을 외우면서, '도대체 이딴 것을 왜 배우는 거지?'라고 생각하지 말기를 바란다. 수학 공부의 이유는, '엄마의 분노를 피하기 위해서'(초등학생)도 아니고, '좋은 고등학교나 대학교를 가기 위해서'(중1~고2)에 그쳐서도 안 되며, '수시모집에 합격하려면 최저등급은 넘어야 해서'(고3~n수생)라는 이유뿐이어서도 안 된다. 그런 이유만으로 수학 공부를 하고 있다면 정말 슬픈 일이다.

수학과 관련이 없는 법학과 학생인 나는, 아침마다 가끔씩 『개념원리』 수학문제집을 펼친다. 더 이상 학원강사로서도 과외선생님으로서도 수학을 가르치지 않고 있음에도 불구하고 이것을 푸는 이유는 단 하나다. 아침마다 푸는 수학문제는 두뇌의 체조와도 같아서 내 머리를 더욱 명민하게 빛내주기 때문이다.

수학점수가 안 올라 고민인 학생들이 많다. 그런데 그들 중 일부 학생은 '차라리 수학을 포기하는 대신 그 노력을 다른 과목에 투자하면 입시결과가 훨씬 좋지 않겠느냐?'라고 하는데, 나는 몇 가지 이유에서 말리고 싶다.

첫째, 소위 '좋은 학교'라고 불리는 웬만한 대학들은 모두 수학을 반영한다는 점. 둘째, 만약 그런 학교가 있다 하더라도 그 학교에는 똑같은 생각을 가지고 있는 학생들이 전국에서 몰려든다는 점. 즉 배에 불이 붙었다고 해서 얼음이 꽁꽁 얼어 있는 바다에 알몸으로 뛰어내리는 격이 될 수도 있다는 점. 셋째, 내 경험상 수학이 어렵다며 영어에만 매달렸던 학생들의 대부분은 머지않아 영어도 어렵다며 포기했다는 점. 넷째, 수학 공부를 하면 계산력과 사고력 등등이 길러지게 되고 이것은 다른 과목의 성적도 올려주게 되는데, 수학을 포기하면 그 기회를 날려 버리게 된다는 점.

그러니까 부디 포기하지 마라. 수학은 점수를 올리기는 힘들어도, 일단 올리고 나면 떨어지기도 힘든 과목이다. 수학 공부를 하기는 너무 힘들고, 아무리 고민해도 어려운 문제가 안 풀린다면 쉬운 문제만큼은 정확히 맞히겠다는 각오라도 해야 한다. 모르니까 어렵고, 안 풀리니까 재미없는 것이다. 공부를 하다보면 조금씩 알게 되면서 재미도 차츰 생길 것이다. 일단 재미가 붙으면 무섭게 가속도가 붙어서 어느새 제일 효자 과목이 되는 것이 수학이다.

# "문제를 풀어도 수학점수가 잘 안 올라요"

수학 성적이 오르지 않는 것에는 여러 가지 이유가 있을 수 있다. 각각의 유형을 나눠보고 거기에 맞는 해결책을 알아보도록 하자.

## 1. 수업을 따라가지 못하는 유형

나는 고등학교 1학년 2학기 기말고사에서 25점을 받은 충격으로 공부를 열심히 해야겠다고 마음먹었다. 그런데 문제가 하나 생겼다. 수업이 전혀 이해되지 않는다는 것이었다. 그동안 줄기차게 놀기만 했으니 당연한 일이었다.

당시 이과생이었던 나는 2학년으로 올라가면서 수학1과 수학2를 동시에 공부해야만 했다. 그러나 나는 중학교 과정의 기초도 되어 있지 않았다. 그 당시 나도 그랬고, 지금도 비슷한 상황에 있는 학생들은 이런 생각을 할 것이다. '어차피 기초도 없는데 이해가 되지도 않는 수업을 들어봐야 뭐하겠어? 그냥 저학년 교과서나 『개념원리』로 혼자 공부하고 수업은 나중에 따라잡아야겠다.' 이건 하나는 맞고, 하나는 틀린 생각이다. 고등학교 2학년에 올라가던 나는 기초를 쌓기 위해 중학교 1학년 교과서부터 봤다. 이 선택은 옳았다. 수학은 저학년 과정이 착실하게 닦여 있지 않으면 고학년의 내용을 따라가기 어렵기 때문이다.

그러나 그렇다고 해서 수업을 포기하면 안 된다. 어차피 기초가 없으니 수업을 들어도 소용없다는 생각이 자신을 나태하게 만들기 때문이다. 편하게 공부하고 싶다는 생각에 굴복하면 졸업할 때까지 수업을 제대로 들을 수 없으리라 나는 생각했다.

그래서 최대한 집중해서 수업을 들었다. 물론 이해가 되지 않았다. 그래도 오늘 배운 부분은 자습시간에 복습을 하면서 어떻게든 이해하려고 노력했다. 더불어 중학교 과정을 교과서로 보충하고, 고등학교 1학년 과정은 『개념원리』로 따라잡아 나갔다. 당연히 시간이 턱없이 모자랐다. 그래서 쉬는 시간에도 놀 수 없었고, 밥을 먹으면서도 문제를 외워서 생각하면서 먹었다. 실컷 놀아온 내가 어쩔 수 없이 치러야 할 대가라고 생각하고 참았다.

덕분에 머지않아 진도를 따라잡았다. 그러자 신기한 일이 벌어졌다. 수업을 들을 당시에는 하나도 이해가 안 되고 외계어로만 들렸던 선생님의 말이 다시 생각나는 것이다. 잊고 있는 줄 알았는데, 사실은 잊힌 것이 아니었다. '아, 그때 선생님이 하던 말이 이런 뜻이었구나!' 하고 몇 개월 뒤에 깨달은 것이다. 만약에 내가 기초부터 해야 한다면서 내 공부에만 몰두했다면 그런 도약의 경험은 하지 못했을 것이다. 그러나 수업에 충실하면서 어떻게든 시간을 짜내 보충을 하며 진도도 같이 따라갔던 방식 덕분에, 예전에 수업시간에 들었던 내용이 나중에 내가 그 부분을 공부할 때 다시 생각이 났고, 그게 내 공부의 속도를 더 빠르게 해주었다.

## 2. 수학 공부에 시간이 너무 많이 소요되는 유형

또 한 가지 문제는, 이놈의 수학 공부는 거의 하루 종일 걸린다는 사실이었다. 내겐 두 가지 선택의 길이 있었는데, 수학에 전념해서 점수를 일정궤도에 올린 뒤에 다른 과목을 시작하는 것이 하나였다. 또 다른 방법은 수학과 다른 과목을 동등한 비율로 공부하면서 골고루 성적을 올리는 방법이었다. 나는 첫째 방법을 선택했다.

지나고 보니 옳은 선택이었다. 만약 골고루 성적을 올리자고 마음먹었다면 결국 수학을 포기했을 것이다. 그렇게 공부해서 될 과목이 아니었기 때문이다. 물론 성적이 골고루 잘 나오는 학생이라면 둘째 방법이 옳다. 그러나 수학점수가 형편없는 학생이라면 수학점수부터 올리는 것이 맞다.

공부하는 데 시간도 많이 걸리고, 점수를 올리는 데 걸리는 기간도 다른 과목보다 길다는 점 때문에 학생들은 수학에 전념하기를 꺼린다. 그러나 그렇기 때문에 다른 과목보다 먼저 끝내놓아야 한다. 그래야 시험이 가까워졌을 때 다른 과목에 투자할 수 있는 시간이 생긴다. 이건 내신이든 수능이든 마찬가지다. 수능의 경우에도 고3, 1학기 때 수학을 확실히 잡아놓아야 2학기에 암기과목인 사회탐구에 마음 편하게 몰두할 수 있다.

하위권의 경우에는, 하루의 공부시간 중에서 수학과 수학이 아닌 과목의 비율을 8대 2까지 잡아도 무방하다. 나의 경우에는 9대 1, 심지어 10대 0이었던 적도 많았다. 그리고 점차 수학 성적이 올라갈수록 이 비율은 낮아진다. 그러나 최상위권까지 오른다 하더라도 수학 공부에 시간을 제일 많이 투자해야 한다는 사실은 변하지 않는다. 거의 만점을 놓치지 않았던 수능 직전까지도 나의 수학 공부시간의 비율은 40퍼센트 밑으로 떨어진 적이 없었다. 수학은 그렇게 해야만 비로소 정복할 수 있는 과목이다.

### 3. 쉬운 문제는 풀지만, 어려운 문제는 못 푸는 유형

수학은 손으로 공부하는 과목이라는 말이 있다. 맞는 말이지만, 여기에는 한 가지 전제가 있다. 그건 이 방법이 90점대 이하까지만 적용된다는 것이다. 90점 정도에 이르려면 풀 수 있는 문제를 확실히 맞혀야 하고, 정형화된 문제를 실수 없이 정확히 풀어내야 한다. 그리고 그것은 평소에 그러한 유형의 문제를 부단히 반복해서 풀어내는 방법으로 달성할 수 있다. 그러나 실력이 올라가면 정형화되지 않은 고난이도의 문제도 맞혀야 한다. 그런데 이건 비슷한 유형의 문제를 성실하고 꾸준하게 푸는 방법으로는 정복할 수 없다. 유형별 학습만 했던 학생이 어떻게 생전 처음 보는 문제의 풀이 과정을 떠올릴 수 있겠는가?

쉬운 문제는 별 어려움 없이 풀어내지만, 어려운 한두 문제는 어김없이 놓치는 학생이라면 유형별 학습이 아닌, 사고력 위주의 학습을 평소에 해야 한다. 사고력 위주 학습은 자투리시간을 활용해야만 가능하다. 수학 공부에 책상이 필요한 것은 무엇인가를 써야 하기 때문이다. 그러나 모르는 문제를 골똘히 생각하는 단계라면 연습장이 굳이 필요 없고, 책상 앞에 있지 않아도 밥을 먹으면서, 체육시간에 공을 차면서도 할 수 있다.

그렇다고 뛰틀 앞에서 내가 모르는 수학문제를 정리한 수첩을 꺼내들 용기를 발휘하라는 말은 아니다. 이럴 땐, 모르는 문제를 미리 외워두면 된다. 그날 공부를 하면서 나왔던 모르는 문제를 외워뒀다가 책상에 앉아 있지 않을 때, 어떻게 해야 답에 이를 수 있을지 그 과정을 떠올리고 계획을 하면 된다. 이 과정이 진짜 공부고, 어떻게 보면 이런 상황에 있는 학생들에게는 자투리시간을 어려운 수학문제 풀이를 떠올리는 시간으로 활용하라는 팁이 탈출방법이 된다고 정리할 수 있다.

### 4. 시험 칠 때 시간에 쫓기는 유형

여기에는 두 가지 원인이 있다. 평소에 수학문제를 풀 때 느긋하게 푸는 습관이 들어버린 경우가 하나 있다. 이런 습관을 고치려면 평소에 '시간제한'을 걸어놓고 문제를 푸는 방식으로 수학 공부를 해야 한다. 예컨대 내신시험 시간은 45분이고 문제는 30문제가 나온다면, 전체 45분에서 답안지 마킹 시간 10분을 빼고, 거기에 추가로 5분을 더 빼서, 30분 만에 30문제를 모두 풀어내는 연습을 평소에 해야 한다.

누구나 그런 경험이 있을 것이다. 시험을 치르고 나서 매겨보니 점수가 형편없다. 억울한 마음에 집에 가서 찬찬히 살펴본다. 이상하다! 분명히 아까는 안 풀리는 문제였는데 지금은 어떻게 풀어야 할지 알 것 같다. 실제로 풀어보니 원래 점수보다 수십 점이 올라간다!

이런 억울한 상황은 원래 당연한 것이다. 수학시험은 '풀 수 있는가.'가 아니라 '제한된 시간 안에 풀 수 있는가.'가 중요하기 때문이다. 그러니 평소에 시간을 정해놓고 스트레스를 받으면서 문제를 풀어야 하고, 그래야 실제로 나오는 성적에는 스트레스를 안 받게 된다.

시험을 칠 때 시간에 쫓기는 또 하나의 원인은 '문제를 푸는 순서' 때문이다. 시험에는 어려운 문제라고 해서 뒤에 배치되는 것이 아니다. 초반에 나오는 어려운 문제에 들이대다가 답이 나올 듯하면서 안 나오는 상황에 빠져, 그 한 문제를 해결하는 데 너무 많은 시간을 쏟아버리는 경우가 많다. 수학에 있어서는 시간 안배도 실력이다.

대부분의 시험에는 문제에 배점이 정해져 있다. 배점이 가장 낮은 것, 쉬운 문제를 우선적으로 풀어야 한다. 그리고 쉬운 문제, 풀 수 있는 문제를 모두 다 풀면 그 문제에 대한 답안지 마킹까지 끝내 놓는다. 그런 다음 비로소 어려운 문제를 하나씩 풀면서, 풀 때마다 답안지에 마킹한다. 이렇게 하면 시험시간이 끝나 가는데도 아직도 첫 장을 붙들고 있는 불상사는 절대 일어나지 않는다. 아직 문제를 다 못 풀었는데 시험시간이 거의 끝났다면 그 문제는 찍어버리면 된다. 풀 수 있는 것은 어차피 다 풀었고, 남은 문제는 모르는 문제들이니 찍는다고 해서 손해 볼 일이 없다. 오히려 이런 경우에 점수가 더 잘 나오는 경우가 많다.

### 5. 내신은 잘 나오지만 수능 모의고사 점수는 안 나오는 유형

이 고민은 중상위권의 여학생들에게 압도적으로 많았다. 왜 그럴까? 아마도 다른 과목을 공부하듯, 그저 '성실하게만' 공부했기 때문이라고 생각한다. 예습하고, 수업 듣고, 복습하고, 자습시간에 문제를 풀어 본다. 훌륭한 방법이다. 하지만 그걸로 끝났다고 생각하면 이상하게 모의고사 점수가 나오지 않는 상황에 부딪히게 되는 경우가 많다. 당연한 것이, 그건 모의고사 공부가 아니기 때문이다.

물론 내신과 모의고사는 같은 내용에 대해 물어보는 다른 방식의 시험이다. 인수분해를 배우면 그 내용에 대해 내신형 문제를 만들 수도 있고, 수능형 문제를 만들 수도 있다. 물어보는 내용은 같은데 물어보는 방식이 다른 것이다. 따라서 다르게 물어보는 방식에 대한 대비를 평소에 하지 않으면 모의고사 점수가 생각보다 잘 나오지 않는 것이 당연한 일이다.

이런 상황에 대한 해결법은 당연히 모의고사 형태의 문제를 평소에 꾸준히 풀어보는 것이다. 예컨대 오늘 행렬을 배웠고, 자습시간에 내신 문제집에서 행렬에 관한 부분을 풀어보았다면 그걸로 끝내지 말고, 30분 정도는 수능 형태의 문제도 다뤄보라는 것이다. 진도별 시중 모의고사 모음집 같은 것도 좋고, 수능대비용 문제집을 따로 구하는 것도 좋다. 그날 공부의 마무리를 5문제 정도의 수능 스타일로 매일 풀어보면 한 달도 되지 않아 모의고사에 대한 두려움이 싹 사라진다.

다만 이 부분에 대해서 중요한 조언을 한 가지 덧붙이고자 한다. 내가 상담해온 학생들을 보면 모의고사 점수에 너무 많은 걱정과 신경을 쓰고 있는 경우가 많았다. '만약 이 모의고사 점수대로 수능점수가 나오면 정말 큰일이다.'라는 생각에 초조해지는 것은 이해한다. 그러나 모의고사 점수를 높이려고 수능 스타일의 문제풀이의 비중을 높이는 것은 고3 이상이 아닌 경우라면 득보다는 실이 더 클 수 있다. 그건 실력을 높이는 공부가 아니라, 내 불안감을 없애려는 공부에 불과하기 때문이다.

물론 모의고사를 치고 나면 등급과 전국 등수가 나온다. 그걸 보면 큰일 났다는 생각이 든다. 그 점수로 담임선생님과 진학상담이 이뤄지고, "너는 이 성적이라면 어느 대학은 힘들겠다."라는 말에 충격을 받고 수능 모의고사 대비를 확실히 해야겠다는 마음이 드는 것도 이해한다. 그러나 실제 수능은 오르락내리락하는 모의고사 점수에 신경 쓰지 않고, 그 대신 내신공부에 충실한 학생들이 대박(?)을 터트리는 경우가 더 많은 시험이다.

내신공부는 수능공부의 기초이기도 하다. 물론 내신 스타일의 문제를 푼다고 수능 모의고사 점수가 오르지는 않는다. 수능을 대비하려면 수능 스타일의 문제로 따로 연습을 해야 한다. 그러나 그 '시기'라는 것이 고등학교 2학년 2학기 정도부터 슬슬 속도를 내도 전혀 늦지 않고, 그 전에는 '내신'에 온 신경을 쏟아야 한다.

며칠 뒤에 치러지는 중간고사는, 입시에서의 비중이 실제수능과 똑같은 '실전시험'이다. 그러나 모의고사는 좀 거칠게 표현하면, 학교선생님이 평소에 나눠주는 프린트들보다도 중요하지 않은 시험이다. 고2

이하의 학생들이라면 모의고사를 치는 날은 시간 내로 답안지에 모두 마킹하는 연습을 하는 날이라고 생각하길 바란다. 어차피 고3으로 올라가면 수능 스타일은 지겹게 공부하게 된다. 그때는 학교수업 시간에 진도 나가는 교재도 모두 수능문제집이다.

### 6. 어려운 문제의 힌트가 좀처럼 떠오르지 않는 유형

수학이 항상 만점이 나오는 사람은 문제를 보자마자 풀이 과정이 떠오르는 것일까? 나의 경우를 보면 그런 경우도 있지만, 그렇지 않은 문제가 대부분이었다. 물론 최솟값·최댓값을 구하는 문제나 함수에 있어서 근의 분리에 관련된 문제처럼, 풀이방법이 이미 정해져 있는 문제는 평소에 연습을 해두면 문제를 보자마자 볼펜이 움직이게 된다.

그러나 대부분의 문제는 무엇을 묻고 있는 것인지 파악하는 데만도 오랜 시간이 걸린다. 이건 당연한 것이다. 자신이 그런 상태라고 해서 걱정할 필요가 없다. 수학은 어떤 지식이 머릿속에 들어 있는지를 묻는 과목이 아니라, 처음 보는 문제 상황에서 그것을 해결할 수 있는 아이디어를 떠올릴 수 있는 능력을 측정하는 과목이기 때문이다. 그렇다면 어떻게 해야 해답에 이르는 아이디어를 좀 더 쉽게 떠올릴 수 있을까? 내가 아이디어를 떠올리는 방법은 세 가지다.

첫째, 문제를 몇 번이고 반복해서 읽는다. 학생들 중에는 모르는 문

제가 나오면 이걸 어떻게 풀어야 할지 고민에 빠져서 어쩌지, 어쩌지 하다가 자신의 생각에만 사로잡혀 정작 문제를 읽지 않는 경우가 많다. 그러나 어떻게 풀어야 할지 모르겠다면 풀이방법이 생각이 날 때까지 그 문제를 계속 반복해서 읽는 것이 생각보다 큰 효과를 발휘한다. 열 번을 반복해서 읽어도 전혀 감이 안 잡히는 문제라면 그 문제는 어차피 못 푸는 문제다. 찍고 과감히 다음 문제로 넘어가라. 그러나 그 문제와 관련된 유사한 문제를 평소에 풀어본 경험이 있다면, 여러 번 읽다 보면 반드시 뭔가 실마리가 보이기 마련이다.

둘째, 안 풀려도 일단 푼다. 좀 이상하게 들리겠지만 상당히 효과가 있는 방법이다. 어떻게 푸는지는 모르겠지만, 일단 볼펜을 움직여서 뭔가를 쓴다. 식을 쓰든, 좌표를 그리든, 보조선을 아무렇게나 그리든 상관없다. 이렇게 푸는 것이 맞는지 확신할 수는 없지만, 어쨌든 뭔가를 억지로라도 쓰고 나면, 내가 쓴 것 자체가 일종의 촉매가 되어 정답에 이르는 아이디어가 떠오를 때가 무수히 많았다.

셋째, 날카롭게 관찰한다. 규칙성을 찾아보라는 말과도 비슷한 조언이지만 그것보다는 범위가 큰 팁이다. 구체적으로 말하면 '왜 하필?'이라는 의문을 가지고 문제를 바라보라는 것이다. '왜 하필 항이 4개가 있는 거지?', '왜 하필 각 항의 계수가 1, 2, 3, 4의 순서로 되어 있지?', '왜 하필 모든 항의 부호가 양수로 되어 있는 거지?' 눈을 깜박이지 말고 힘을 주라. 그리고 날카롭게 관찰을 해서 이런 식의 의문을 던져보

라. 이 방법 역시 효과가 엄청나서, 전혀 풀지 못할 것 같은 문제도 이런 식으로 접근했더니 '아하, 이게 이렇게 되니까 문제를 이렇게 만들었던 거구나!'라는 생각이 들면서 갑자기 모든 것이 깨달아지는 경우가 많았다. '항이 4개니까, 각 항을 짝을 지으면 풀리겠구나!' 하는 식의 아이디어도 자연히 떠오르게 되는 것이다. 이 세 가지 방법 덕분에 나는 내신과 수능에서 모두 만점을 받을 수 있었다.

# "시험 칠 때 실수로 틀리는 것이 많아요"

시험 칠 때를 한번 상상해보자. 한두 줄 정도의 간단한 문제가 나오면 순간적으로 '헤헤, 쉽겠다.'라는 생각이 든다. 그러나 문제의 분량이 많고, 도표가 복잡하며, 제시된 글이 생소하다면 '큰일 났다. 어려운 문제다.'라는 생각이 든다.

대부분의 학생들이 이렇게 단순하게 생각하다가 실수를 한다. 문제를 낸 출제자는 학생들이 한두 줄짜리 문제를 보자마자 쉽다고 생각하리라는 사실을 잘 알고 있다. 출제자는 쉬워 보이는 문제를 내면서, "한두 줄밖에 안 돼. 어때? 쉬워 보이지? 그런데 과연 그럴까?"라고 말하고 있는 것이다. 이런 출제자의 심리를 모르면 항상 실수를 하게 된다.

어려운 문제도 마찬가지다. 출제자는 긴 문제라든가, 복잡한 도표를 제시하면 학생들이 어렵게 느낀다는 것을 잘 알고 있다. 때문에 난이도를 조절하기 위해서 복잡한 문제는 의외로 간단하게 해답을 찾을 수 있도록 출제한다.

실수를 줄이는 첫걸음은 다른 사람들과 다르게 반응하는 것이다. 간단해 보이는 문제는 '설마? 혹시?'라고 한 번 더 의심해보고, 복잡해 보이는 문제는 '의외로 쉬울 수도 있어!'라고 생각하면서 자신감을 가져야 한다. 그리고 실수한 부분은 반복학습을 통해 확실히 다져놓아야 한다.

예전에 수학문제를 풀 때의 일이다. 풀어보니 2라는 답이 나왔다. 그런데 어처구니없게도 3을 답으로 표기해버렸다. 어이없는 실수였다. 그런데 나는 내가 실수했다는 사실을 받아들이지 않았다. '비록 실수했지만 어쨌든 문제는 풀 수 있었던 거잖아?'라고 생각하며 문제집에 동그라미를 치기까지 했다. 그러나 얼마 뒤 시험에서 같은 실수를 반복했다. 너무 억울했다. 그땐 정말 나 자신이 그렇게 한심하고 바보같이 느껴질 수가 없었다. 우리는 왜 실수를 하는 것일까? 어떤 사람은 특정 상황에서 특정 정보가 주어지면 자기도 모르게 3이라는 것이 2로 보인다. 머리의 사고구조가 붕어빵틀처럼 굳어 있기 때문이다. 붕어빵틀에 밀가루 반죽을 새우 모양으로 아무리 부어도, 뚜껑을 열면 여전히 붕어빵이 나오는 것과 같은 원리다.

한편 공식이나 내용 자체가 실수하기 쉬운 경우가 있다. 예를 들어

'삼각형의 넓이'라는 단원에는 다음과 같은 여러 가지 공식이 나온다.

1. $S=\frac{1}{2}a\mathrm{h}$

2. $S=\frac{1}{2}ab\sin\theta$

3. $S=\frac{1}{2}r(a+b+c)$

4. $S=\frac{1}{2}|(x_1y_2+\mathrm{x}_2y_3+x_3y_2)-(x_2y_1+x_3y_2+x_1y_3)|$

5. $S=\sqrt{p(p-a)(p-b)(p-c)}$

공식들을 자세히 살펴보면 유독 5번 공식에만 앞에 $\frac{1}{2}$이라는 숫자가 없다. 그런데도 불구하고 문제를 풀 때는 착각해서 $\frac{1}{2}$을 곱하는 경우가 많다. 실수를 하는 것이다. 중요한 사실은 이런 실수를 나 혼자만 하는 것이 아니라는 것이다. 이런 실수는 전국의 많은 학생들이 수십 년간 해오고 있는 실수다. 그래서 학교 수학선생님이나 수능 출제위원도 학생들이 이 부분에서 실수를 하기 쉽다는 것을 알고 있다. 출제 포인트인 것이다.

또 다른 예를 들어보자. '집합' 단원에는 다음과 같은 공식이 나온다.

$$n(\mathrm{A}\cup\mathrm{B}\cup\mathrm{C})$$
$$=n(\mathrm{A})+n(\mathrm{B})+n(\mathrm{C})-n(\mathrm{A}\cap\mathrm{B})-n(\mathrm{A}\cap\mathrm{C})-n(\mathrm{B}\cap\mathrm{C})+n(\mathrm{A}\cap\mathrm{B}\cap\mathrm{C})$$

그리고 곧이어 배우는 인수분해 공식 중에는 다음과 같은 공식이 있다.

$$a^3+b^3+c^3=(a+b+c)(a^2+b^2+c^2-ab-bc-ca)+3abc$$

그런데 첫째 공식과 둘째 공식은 생긴 형태가 비슷하다. 그러면 이제 헷갈리기 시작한다. 그래서 첫째 공식 마지막 부분에 있는 $n(A\cap B\cap C)$ 앞에는 3이라는 숫자가 없음에도 불구하고 있다고 착각하기도 하고, 둘째 공식 마지막 부분에 있는 3abc에는 3이 포함되어 있음에도 불구하고 없다고 착각하기도 한다.

이처럼 공부를 하다보면 실수를 유발하는 많은 부분들이 있다. 물론 공부를 하면서 '이 부분은 실수하기 쉬우니까 조심해야겠다.'라는 생각이 들면 다행이겠지만, 천재가 아닌 이상 처음 공부하면서 어느 부분이 실수하기 쉬운지 알아낸다는 것은 어려운 법이다.

실수하기 쉬운 부분을 찾아내려면 많은 문제풀이가 필요하다. 문제를 풀다가 실수를 해서 틀린 때는 우울해할 것이 아니라 오히려 기뻐해야 한다. 나의 약한 부분을 드디어 발견한 것이고, 실력을 높일 소중한 기회를 찾은 것이기 때문이다. 이제 이런 소중한 기회를 그냥 넘겨서는 안 된다. 한 번으로는 붕어 모양으로 굳어진 사고의 틀을 새우 모양으로 바꿀 수 없다.

그렇다면 실제로 어떻게 해야 하는가? 실수한 문제는 포스트잇에 적

어서 벽에 붙여놓고 주기적으로 보는 것이 좋다. 예를 들어 나는 포스트잇에 '2와 3을 혼동하지 말자!'라고 크게 써놓고 내 방 한쪽 벽에 붙였다. 나는 문제를 풀어나가면서 실수를 하는 문제들마다 그런 식으로 포스트잇으로 정리해서 벽을 채워나갔다. 그리고 시간이 날 때마다 벽에 붙여놓은 포스트잇들을 보면서 '그래, 이런 멍청한 짓을 하다니, 다시는 그러지 말자!'라며 결연한 의지를 다지고는 했다. 그러고 나니 그 다음부터는 2라는 숫자만 봐도 가슴이 덜컥 내려앉고, '혹시 또 이거 실수하는 거 아냐? 조심해야지!'라는 생각이 든다. 이러니 절대로 같은 실수를 할 리가 없다. 이렇게 실수는 '의식적인 반복'을 통해서만 교정될 수 있다.

'실수도 실력'이라는 말이 있다. 공부 방법에 관한 조언 중 이 말처럼 많은 오해를 불러일으키는 말도 없다. 많은 학생들이 이 말을 '실력이 향상되면 실수는 줄어든다.'라는 뜻으로 받아들인다. 그러나 이 말의 진짜 뜻은 그게 아니다. '실수를 교정하려고 끈질기게 노력을 하는 사람만이 비로소 실력을 향상시킬 수 있다.'라는 뜻이다.

# "국어는 뭘 공부해야 할지 모르겠어요"

한번 생각해보자. 우리는 국어를 왜 배우는 걸까? 이 질문에 대한 해답을 찾는 것이 국어 공부의 출발이다. 다들 알다시피 '국어'는 '우리나라말'이라는 뜻이다. 초·중·고등학생이라면 당연히 우리나라 말을 구사할 줄 알 텐데 왜 굳이 국어라는 과목까지 만들어서 우리나라 말을 배워야 하는 것일까? 국어라는 교과목을 만든 사람들은 이 과목을 통해 학생들이 어떤 능력을 갖추기를 원하는 것일까? 다시 강조하지만, 이 질문에 대한 해답을 찾는 것이 국어 공부의 출발이다.

나는 국어 공부의 궁극적인 목적이 '설득력 있는 언어능력 갖추기'에 있다고 본다. 즉 한글이라는 도구를 이용해서 상대방(혹은 독자)을 설득해낼 수 있는 능력을 기르는 것이 국어 공부의 최종 목표다. 내신시험이나 수능시험, 논술, 심지어 면접까지 출제자는 이 능력을 알아보기 위한 문제들을 만든다.

예컨대 "밑줄 친 글쓴이의 주장에 전제된 명제는?"이라는 문제를 보자. 이 문제는 올바른 전제와 논리적인 근거로 상대를 설득할 수 있는 능력이 학생에게 있는지를 알아보겠다는 출제자의 의도가 담긴 문제다. "위 시에서 밑줄 친 (가)와 유사한 의미를 지닌 시어는?"이라는 문제 역시, 글쓴이가 자신이 느끼는 감정을 효과적으로 전달(설득)하기 위해 사용한 시어의 의미를 학생이 파악할 수 있는지를 묻고 싶어 하는 문제다.

상대를 설득하는 능력은 무엇인가를 외운다고 해서 길러지는 것이 아니다. 물론 반어와 역설을 구별하는 방법을 달달 외우면 그 내용만을 물어보는 문제는 맞힐 수 있을 것이다. 그러나 조금만 꼬아서 문제를 내면 푸는 데 어려움을 느낀다. 아무리 공부해도 내신국어나 수능국어 그리고 논술을 정복하기 힘들다는 학생은 국어 공부의 목표를 잘못 이해했기 때문이다. 국어 공부의 주된 목표는 특정 지식의 습득이 아니다.

그런데 '설득력 있는 언어능력'은 두 가지를 통해 드러난다. 하나는 말이고, 다른 하나는 글이다. 먼저 '설득력 있는 말'이란 상대방으로 하여금 자신의 주장에 끄덕이게 만드는 말이다. 이건 약장수의 현란한 말솜씨와는 완전히 다른 의미다. 정확한 주장과 반박할 수 없는 근거가 있어야 여러분을 싫어하는 사람이라도 여러분의 말에는 수긍할 수 밖에 없도록 만들 수 있다. 만약 여러분이 이런 설득력 있는 말을 할 수 있다면 그 효과는 지금의 시험 점수 상승에만 있는 것이 아니다. 훗날 대학교에 들어가서 소개팅에 나갔을 때도 지금 공부의 효과가 나타난다.

일례로 화장실에 가려는 척하면서 집에 돌아가려는 소개팅 상대를 설득해서 나에게 호감을 느끼도록 만들 수 있지 않을까. 또한 나중에 대기업에 들어갔을 때, 엘리베이터에서 우연히 만난 회장님에게 왜 여러분이 팀장으로 승진해야 하는지를 수십 초 안에 설득시킬 수 있을지도 모른다.

문제집을 풀면서 시어의 의미를 파악하거나, 논설문을 보며 서론·본론·결론의 각각의 중심내용을 공부하는 것은 쓸모없는 죽은 지식을 습득하기 위해서가 아니다. 우리의 인생을 결정짓는 이 능력을 지금 국어 시간을 통해 배우는 것이다. 살다보면 이 능력이 학교 다닐 때의 성적보다 더 큰 영향력을 발휘한다는 것을 알게 될 것이다.

어떻게 하면 이 능력을 기를 수 있을까? 국어 공부는 크게 두 가지 방향이 있다. 기본공부와 특별공부가 그것이다. 이건 내가 임의로 붙인 이름이다. 먼저 기본공부란 여러분이 늘 하는 공부다. 평가문제집을 풀고, 학교수업이나 인터넷강의를 듣고, 자습서나 프린트를 공부하는 그것을 의미한다. 기초적인 '능력' 자체를 키우는 공부라기보다는 '지식'을 습

득하는 공부다. 따라서 이런 기본공부를 열심히 하면 대략 80~90점까지는 성적이 올라간다.

기본적인 국어 공부의 순서는 다음과 같다.

### 1. 기출문제를 먼저 보라

단순히 기출문제를 풀어보라는 말이 아니다. 다른 것을 공부하기에 앞서 기출문제를 '먼저' 봐야 한다. 이것이 내 조언의 핵심이다. 그렇게 하지 않으면 무엇이 중요한지 안 중요한지 모르는 상태에서 공부를 하게 되므로 공부시간이 끝도 없이 길어진다. 기출문제를 보고 '아, 이런 것들이 시험에 나오는구나.'라고 염두에 두고 나서 교과서를 보든 자습서를 보든 해야, 짧은 시간 동안 중요한 것 위주로 강약을 조절하면서 공부할 수 있다.

### 2. 교과서 지문을 여러 번 읽어라

내신시험은 결국에 교과서의 지문에서 대부분의 문제가 나올 수밖에 없다. 따라서 교과서 지문을 여러 번 읽는 것은 시험 준비의 당연한 과정이다. 다만 어떻게 읽어야 할지에 대해서 고민인 학생들이 많은 것 같다. 방법은 무엇인가를 찾으면서 읽는 것이다.

예를 들어 각 문단의 주제가 무엇인지 생각해보며 읽는다거나, 핵심 어휘나 연결사를 동그라미 치며 읽는다거나, 주제와 그것을 뒷받침하는 근거를 찾아가면서 읽는다거나 하는 식으로 말이다. 이렇게 뭔가를 찾으면서 읽어야 머릿속에 책의 내용이 조금이라도 남는다. 그러지 않고 그냥 눈으로 활자를 스치기만 하면 어느새 졸고 있는 자신을 발견하게 된다. 연결사든 필자의 근거든, 무엇인가를 지문 속에서 찾는다는 행위 자체가 집중도를 높여주고 교과서의 내용을 더 오랫동안 머릿속에 남아 있게 한다.

### 3. 자습서를 밑줄 그어가며 읽어라

어차피 자습서 속에 교과서가 있으니 교과서는 넘어가고 그냥 자습서만 보면 되지 않느냐고 묻는 학생들이 있다. 나는 반대다. 교과서를 읽으면서 뼈대를 세워놓아야 자습서를 봐도 빨리 볼 수 있다. 교과서에 무슨 내용이 있는지, 나는 어떤 부분이 어려웠는지 대략이라도 생각한 뒤에 자습서를 보면 필요한 부분만 골라 볼 수 있으므로 전체 공부시간은 오히려 줄어든다.

또 하나 말해둘 것은, 반드시 밑줄 그어가면서 읽으라는 것이다. 그 이유는 시험 직전에 해당 부분을 쉽게 반복하기 위해서다. 지금은 자습서의 내용이 이해되고, 머릿속에도 남아 있겠지만 책을 덮는 순간 대부분의 내용이 머릿속에서 사라진다. 그러니 지금 이것을 100퍼센트 다 알겠다는 마음보다는, 다른 것은 다 잊어버려도 이건 시험 직전까지 기억을 해야겠다고 판단되는 것들은 반드시 미리 밑줄을 그어두어야 한다. 그래야 시험기간에 편해진다.

### 4. 문제의 패턴을 파악하며 문제집을 풀어라

자습서를 끝낸 다음에는 문제집을 푼다. 이때 주의해야 할 것은 '왜 이런 문제를 냈을까?' 하는 의문을 항상 가져야 한다는 것이다. 국어 공부에서는 특정한 지식보다는 '문제의 패턴'이 더 중요하다. 예를 들어 어떤 시에서 특정 부분을 밑줄 그어놓고서 '밑줄 친 시어와 같은 역할을 하는 것은?'이라는 문제가 나왔다고 하자. 그렇다면 실제 시험에서는 똑같은 부분에 밑줄을 그어서 문제가 출제되는 것이 아니라, 문제의 패턴 즉, 그렇게 특정 시어의 역할을 묻는 유형의 문제가 반복된다는 말이다. 평소에 그런 문제가 나올 때 답을 찾는 연습을 반복해서 숙달해두어야 한다. 따라서 단순히 답만 찾고 넘어갈 것이 아니라 각각의 문제패턴에 따라 내가 어떻게 사고를 해야 하는지, 그 '과정'을 기억해두어야 한다.

평소에는 앞에서 말한 순서에 따라 공부하면 되고, 시험 때는 시간이 허락하는 한 이 과정을 여러 번 반복하는 것이 요령이다. 공부하면서 표시해놓은 중요한 부분, 밑줄 친 내용들, 별표를 쳐둔 틀린 문제들을 특히 유념하면서 반복하면 된다. 여기까지 하면 대개 90점 이상은 나올 것이다. 이게 기본적인 국어 공부 방법이다. 하지만 만점은 물론이고, 학교를 졸업하고 나서도 실생활에서 인생의 중요한 계기마다 여러분의 인생을 향상시켜줄 '설득력 있는 언어능력'을 기르기 위해서는 남들 다 하는 이런 공부법을 넘어선 뭔가 특별한 것이 필요하다. 앞에서 말한 '특별공부'라는 부분에 관해서는 이제 다음 글에서부터 설명하도록 하겠다.

# "지문을 이해하기가 어렵고 오래 걸려요"

결론부터 말해서 내가 추천하는 '특별공부'란 '글을 쓰는 연습'이다. 이것은 단순히 논술 준비에 초점을 맞춘 글쓰기가 아닌, 자유로운 글쓰기 연습이다. 그런데 내가 이러한 글쓰기 연습을 국어 공부법으로 추천하면 학생들은 일단 거부감부터 표시하는 경우가 많다. 이유는 간단하다. 내신이나 수능시험은 객관식 혹은 단답형 문제들로 출제되니, 글쓰기 연습을 해봐야 당장의 시험에 무슨 도움이 되느냐는 것이다.

하지만 글쓰기 연습이 논술 준비할 때나 필요하다는 생각은 크게 잘못된 것이다. 좋은 글을 쓸 수 있다는 말은 빈틈없는 언어능력이 있을 때 가능한 것이고, 그러한 능력은 국어 공부의 기본이 되는 능력이다.

그런 기본이 갖추어진 학생은 암기로도 안 되는, 다양한 문제풀이로도 메울수 없는 만점까지의 간극을 쉽게 메울 수 있다.

우리의 언어능력은 말과 글을 통해서 드러나는데, 이 두 가지 중에서 글이 더 중요하다. 주위를 둘러보면 말을 잘한다고 해서 꼭 글도 잘 쓰는 것은 아니지만, 글을 잘 쓰는 사람은 대부분 말도 잘하는 경우가 많다. 왜냐하면 글을 쓴다는 것은 말을 하는 것보다 훨씬 많은 노력과 고민이 필요한 작업이기 때문이다. 따라서 좋은 글, 설득력 있는 글을 쓰는 연습을 하면 그것이 곧 언어능력의 기초체력 향상으로 이어진다.

물론 시험이 당장 내일 모레라면 앞에서 말한 '기본공부'에 충실해야겠지만, 학기 중에도 시험이 급하지 않은 시기나 방학 때라면 매일 짤막한 글을 써보는 '특별공부'를 하면 국어실력은 눈에 띄게 향상된다. 그런데 특별공부라는 것은 평범한 학생들은 잘 시도하지 않기에 특별하다는 뜻이지, 그 구체적인 방법까지 특별하다는 의미는 아니다.

좋은 글을 쓰는 방법은 오히려 평범하다. 즉 많이 읽고, 많이 생각하고, 많이 쓴다는 3원칙이 그것이다. 매우 진부해 보인다. 그러나 수천년 동안 수많은 사람들이 이것보다 더 독특하고 효율적인 방법을 찾으려고 노력했지만, 그 시도는 모두 실패로 돌아갔다는 사실을 기억하자. 나 역시도 그동안 많은 공부법을 시도해보고, 나 스스로의 시행착오와 많은 사람들의 조언을 적용해봤다. 그러나 결국 모두 모래알처럼 사소하고 중요하지 않은 팁들일 뿐, 앞에서 말한 3원칙보다 중요하고 확실

한 것은 없다는 것을 깨달았다.

이제부터 한 가지씩 살펴보자. 먼저 많이 읽는다는 다독(多讀)의 원칙. 다독이라고 하여 무조건 많이 읽기만해서는 비효율적일 수밖에 없다. 글을 읽을 때는 항상 세 가지를 염두에 두어야 한다. ① 내용정리, ② 표현수단, ③ 질문던지기다. 예시를 한 번 들어보겠다.

다음 글을 읽어보자. 『하루라도 공부만 할 수 있다면』에서 발췌한 글인데, 이 글을 예로 든 이유는 잘 쓴 글이라서가 아니다. 내가 직접 쓴 글이기 때문에 글쓴이가 어떤 의도와 느낌을 가지고 쓴 글인지 정확하게 말해줄 수 있기 때문이다.

> 나는 코스모스를 가장 좋아한다. 들판에는 흔하지만 꽃집에는 없는 꽃. 자기를 보려고 찾아온 사람들에게만 수줍은 얼굴을 살짝 비춰주는 소녀 같은 이 꽃의 아름다움은 아는 사람만 안다. 코스모스의 꽃말은 '소녀의 순정'인데 도대체 누가 지었는지는 몰라도, 이 꽃말을 지은 사람은 정말 천재임에 틀림없다고 생각한다. 얼마나 딱 어울리는 꽃말인지…….
>
> 코스모스 줄기를 잡고 조금만 힘을 주면 '똑' 하는 상냥한 소리가 나면서 쉽게 따진다. 연약한 코스모스가 자신을 지키는 무기는 물주머니뿐이다. 꽃을 따려고 손을 뻗다가 동글동글한 녹색 물주머니에 손이 닿으면 톡! 터져버린다. 내 얼굴로 물을 찍! 뿜어대는 요놈의 꽃은 마치

"앗! 하지 마세요."라고 말하는 귀여운 꼬마 여자애 같다.

나는 공부란 코스모스와 같다고 생각한다. 만약 얻고자 하는 마음만 있다면 들판에서 쉽게 찾을 수 있지만, 그렇다고 돈으로 살 수 있는 성질의 것이 아니란 점에서 똑같다. 코스모스를 얻기 위해 필요한 것은 돈이 아니라 직접 찾아가는 성의다. 또한 물주머니를 터트리는 코스모스의 앙탈을 귀엽게 느끼면서 참을 수 있다면 공부로 인한 약간의 스트레스 역시 즐거움으로 다가올 것이다.

쉽게 얻으려는 자에게는 한없이 얻기 어려운 것이 코스모스지만, 약간의 수고와 정성을 마다하지 않는 사람에게는 너무나 쉽게 자신을 내주는 것이 또한 코스모스다. 이런 점이 공부의 속성과 완전히 일치하는 것 같다. 공부란 멀리 있는 것이 아니다. 유명 학원강사의 잘 가공된 수업을 들어야 성적이 오르는 것만도 아니고, 경력이 빵빵한 명문대학생의 과외를 받아야 깨우칠 수 있는 것도 아니다. 이곳저곳을 기웃거리며 초조한 마음으로 성적을 올려줄 뭔가 특별한 것을 찾고 있는 사람은, 마치 꽃집에서 코스모스를 찾고 있는 것처럼 의미 없는 노력을 하고 있는 셈이다.

공부의 비결은 의외로 가까이 있다. 그것은 학교 수업시간 속에 있고, 바로 눈앞에 있는 책 속에 있다. 절대 초조해하지 말고, 진지한 마음과 차분한 기분으로 책을 펼치되, 내 눈앞에 있는 내용이 그렇게 어렵지 않으며 나는 반드시 이해할 수 있고, 머릿속에 체계적으로 암기할 수 있다는 믿음을 가

지고 공부를 시작한다면 누구나 공부란 의외로 쉽다는 것을 깨닫게 될 것이다. (후략)

우리가 국어 교과서나 문제집에 있는 글(지문)을 볼 때 흔히 저지르는 실수가 있는데, 그것은 글 자체를 읽을거리로 보지 않고, 공부해야 할 대상으로 보는 것이다. 예를 들어 국사 같은 과목은 교과서에 적혀 있는 글의 내용이 곧바로 시험출제의 대상이 된다. 즉 그 글 자체를 머릿속에 집어넣어야 하는 것이다.

그러나 국어는 다르다. 그 글의 내용 자체를 머릿속에 집어넣을 것이 아니라, 글을 징검다리 삼아 글쓴이와 대화를 해야 한다. 그렇다면 그 대화는 어떻게 이루어지는 것일까?

## 1. 정리하며 읽어라

글을 읽으면서 가장 먼저 해야 할 작업은, 글쓴이가 전달하고 싶어 하는 '핵심'을 찾는 것이다. 이것은 주제가 드러난 특정 문장을 찾으라는 말이 아니다. 글쓴이가 글을 쓴 '동기', 설득하고 싶어 하는 핵심적인 내용을, 글을 읽는 여러분만의 쉬운 표현으로 정리하면서 읽어야 한다. 앞에서 본 발췌문의 핵심은 뭘까? '공부를 잘하는 방법은 먼 곳에 있는 것이 아니다. 뭔가 독특한 것을 해야 하는 것이 아니라, 그저 내 눈앞에 있는 것들을 얼마나 충실히 하느냐에 달려있다.' 아마 이쯤 될 것이다.

보통 난이도의 글이라면 문단별로, 좀 어려운 글이라면 문장별로 핵심내용을 나만의 쉬운 말로 정리하면서 읽어보자. 그러면 글쓴이가 하고자 하는 말의 핵심이 머릿속에서 체계적으로 정리된다.

## 2. 표현의 이유를 생각해보라

이제 핵심을 찾았으니 그다음에 해야 할 것은 그 핵심을 전달하기 위해 글쓴이가 선택한 '수단'이다. 근거 혹은 표현방법이라고 말할 수도 있다. 위의 글에서는 공부를 코스모스에 '비유'하고 있는데, 그러한 표현법이 주제를 전달하는 수단이 되고 있다.

그렇다면 왜 나는 공부를 코스모스에 비유하는 표현방법을 썼을까? 그건 내가 글을 읽는 독자들이 공부라는 것이 괴로운 일이 아니라는 느낌을 받기를 원했기 때문이었다. 즉 공부하는 것과 꽃을 따는 것을 동일시함으로써, 공부란 마치 꽃밭에서 꽃을 따듯 즐거운 작업이라는 느낌을 주려고 했던 것이다. 그러기에 표현법도 첫 번째 근거, 두 번째 근거 이런 식으로 나열하는 것보다는, 직관적으로 마음에 닿을 수 있는 '비유법'을 썼던 것이다. 여러분이 글을 읽으면서 이러한 나의 의도를 파악했다면 매우 날카로운 눈으로 글을 읽고 있었던 셈이다.

### 3. 질문을 던지며 읽어라

의문이 들 때만 의문을 가지면 올바른 자세로 글을 읽는 것이라 할 수 없다. 눈에 불을 켜고 의문거리를 찾으며 읽어야 한다. 위의 글에서도 얼마든지 가능하다. 예를 들어 '꽃집'이 상징하는 것은 무엇인지, 코스모스가 물주머니를 터트린다는 것이 어떤 것을 비유한 것인지 의문을 품어볼 수 있다. 좀 더 날카로운 학생이라면 다음과 같은 질문을 던질 법도 하다. '뭔가 이상한데? 글쓴이는 코스모스를 꽃집에서 살 수 없듯이 공부를 돈으로는 살 수는 없다고 하는데, 실제로는 학원에서 돈을 주고 공부를 배울 수 있는 것이 현실 아닌가?' 이런 질문까지 던질 수 있다면 그 학생은 글을 읽는 자세가 제대로 된 학생이다. 그렇게 의문을 가지고 스스로 해답을 찾아보는 과정 속에서 실력이 성장한다.

글을 읽으면서 내용을 정리하고, 표현의 이유를 생각하며, 주장의 근거를 찾고, 날카로운 눈으로 질문을 던지면서 읽어야 한다. 이렇게 읽는 사람과 아무런 생각 없이 그냥 눈이 활자를 스치기만 하는 사람은, 겉으로 보면 똑같이 공부하는 것처럼 보이지만 결과는 천양지차로 달라진다.

'지문이 이해가 잘 안 된다.'는 고민은, 이러한 연습이 부족해서라고 볼 수 있다. 그러니 평소에 문제집에 있는 글이든, 쉬는 시간에 교양으로 읽는 책에 적힌 글이든, 이러한 과정으로 보는 연습을 꾸준히 하면 국어실력을 확실히 향상시킬 수 있다.

# "열심히 해도 **국어만점** 받기가 힘들어요"

다음 문제를 풀어보자. 특별한 기본지식이 있어야 풀 수 있는 문제가 아니므로 학년에 관계없이 정답을 찾을 수 있을 것이다.

※ 다음 글을 읽고 물음에 답하시오.

고향

_백석

나는 북관(北關)에 혼자 앓아 누워서

어느 아츰 ㉠<u>의원(醫員)</u>을 뵈이었다

의원은 여래(如來) 같은 상을 하고 관공(關公)의 수염을 드리워서

먼 옛적 어느 나라 신선 같은데

새끼손톱 길게 돋은 손을 내어

묵묵하니 한참 맥을 집더니

문득 물어 고향이 어데냐 한다

평안도 정주라는 곳이라 한즉

그러면 아무개씨 고향이란다

그러면 아무개씰 아느냐 한즉

의원은 빙긋이 웃음을 띄고

막역지간(莫逆之間)이라며 수염을 쓴다

나는 아버지로 섬기는 이라 한즉

의원은 또다시 넌즈시 웃고

말없이 팔을 잡어 맥을 보는데

손길은 따스하고 부드러워

고향도 아버지도 아버지의 친구도 다 있었다

이 시에서 밑줄 친 ㉠과 유사한 기능을 하는 것을 〈보기〉에서 고르면?

〈보 기〉

그리스 신화에 나오는 영웅 ①테세우스는 미궁으로 들어가 비밀의 방에 이르고자 한다. 비밀의 방에는 인간을 잡아먹는 괴물 ②미노타우로스가 있다. 미궁을 통과하는 길은 복잡하게 얽혀 있어 한 번 들어가면 길을 잃기 십상이다. 미궁으로 들어가는 문은 누구에게나 보이는 것이 아니다. 들어가고자 하는 사람에게만 존재하고 열리는 문이다. 테세우스는 ③미궁의 문을 찾아 실 끝을 미궁의 문설주에 묶어 놓은 뒤 자신의 예지와 본능으로 미로를 더듬어 ④비밀의 방에 이른다. 테세우스는 괴물을 죽인 후 ⑤실을 따라 무사히 밖으로 나온다. 이 '미궁의 신화'는 문학 예술 작품에서 다양하게 변형되어 사용되기도 한다.

정답을 찾아보았는가? 이 문제는 실제 대학수학능력시험 수능국어 17번 문항으로, 당시 우리나라를 시끄럽게 했던 유명한 문제다. 이 문제를 푸는 과정에서 요구되는 생각의 흐름을 정리해보자.

1. 위 시에서 밑줄 그어진 '의원'의 역할은 무엇일까?
2. 화자는 지금 고향과는 멀리 떨어진 곳에서 병을 앓고 있다. 아는 사람도 거의 없을 외로운 곳에서 화자는 우연히 아버지의 오랜 친구

를 만나게 되는데, 그가 바로 의원이다. 여기서 '아무개씨'는 백석 아버지의 친구이자 자신의 일본유학을 도와주었던 방응모(당시 조선일보 사장)를 지칭한다는 견해도 있지만, 이것은 작품 자체만 보게 될 독자들의 입장에서는 무리한 해석이다. 특히 마지막 연을 놓고 봤을 때는 더욱 그렇다. 즉 화자는 의원을 통해 아버지와 고향을 느끼고 있고, 이때 의원은 화자를 고향으로 연결해주는 일종의 관문의 역할을 하고 있다.

3. 따라서 〈보기〉에서 그런 관문의 역할을 하는 것을 찾으면 ③번 미궁의 문이다. '미궁의 문'은 미궁 안과 밖을 연결하는 역할을 하고 있기 때문이다.

이처럼 국어문제를 푼다는 것은 세 단계로 이루어진다.

첫째, 무엇을 묻고 있는지 파악하는 것(논점추출). 둘째, 내가 정답으로 생각하는 것이 무엇인지 결정하는 것(입장정리). 셋째, 내 입장의 근거를 대는 것(논거제시). 이 세 단계를 위의 문제에서 적용해보면 다음과 같다.

1. 이 문제는 의원과 같은 역할을 하는 것은 무엇인지 묻고 있다.(논점추출)
2. 나는 정답을 ③번 미궁의 문이라고 생각한다.(입장정리)

3. '미궁의 문'은 미궁 안과 밖을 연결하고 있고, 위 시에서도 의원이 고향과 화자를 연결하고 있으므로 같은 기능을 수행하고 있기 때문이다.(논거제시)

많은 학생이 이런 과정을 거쳐서 정답에 이르렀다. 그런데 위 문제를 풀면서 다르게 생각하는 학생들도 있었다. 그 학생들의 생각은 다음과 같았다.

1. 이 문제는 의원과 같은 역할을 하는 것은 무엇인지 묻고 있다.(논점추출)
2. 나는 정답을 ⑤번 실이라고 생각한다.(입장정리)
3. 왜냐하면 '실'은 미궁 안과 밖을 연결해주는 고리가 되고 있고, 위 시에서도 의원이 고향과 화자를 연결하고 있으므로 같은 기능을 수행하고 있기 때문이다.(논거제시)

과연 이 생각도 옳을까? 나는 국어 공부의 목적은 '설득력 있는 언어능력'이라고 말했다. 그리고 주장이 설득력이 있으려면 논거가 설득력이 있어야 한다. 그 당시 한국교육과정평가원에서는 처음에 ③번을 정답으로 발표했지만, 서울대학교 교수를 비롯한 많은 학생들과 전문가들이 ⑤번도 정답이 된다고 주장했다. 결국 한국교육과정평가원은 ③번과

⑤번 모두를 복수정답으로 인정해야만 했다. 왜냐하면 ⑤번을 정답이라고 주장하는 사람들의 근거가 설득력이 있었기 때문이다. 요컨대 설득력 있는 근거를 댈 수만 있다면 이미 발표된 수능 정답도 바뀔 수 있는 것이다.

우리가 책에 있는 내용을 아무런 생각 없이 읽고, 풀기만 해서는 결국 한계에 부딪힐 때가 온다. 열심히 암기하고 문제를 많이 푸는 것은 분명히 필요하지만 아무리 공부해도 성적이 오르지 않은 상태라면, 그 상태를 돌파하기 위한 방법이 필요하다. 그건 남들로 하여금 혹은 나 자신으로 하여금 고개를 끄덕이게 만들 수 있을 만한 설득력 있는 근거를 찾는 연습을 평소에 꾸준히 하는 것이다.

문제집을 풀면서도 이런 연습을 할 수 있겠지만, 나는 매일 글 한 편씩을 꾸준히 써볼 것을 권한다. 왜냐하면 경험상 이것만큼 국어능력을 훌륭하게 키울 수 있는 방법도 없기 때문이다. 시간과 노력이 많이 들지도 않는다. 하루에 30분만 할애하면 되고, 준비물은 볼펜과 종이만 있으면 된다.

일단 인터넷을 통해 신문사 홈페이지의 오피니언 코너에 들어간다. 그러면 사설이나 칼럼이 있을 것이다. 마음에 드는 글을 골라 읽는다. 그리고 수첩을 펼치고 볼펜을 손에 쥔다. 지금부터 글을 쓰는 것이다.

글을 쓰는 것에 대해서 지레 겁을 먹는 사람들이 많다. 그건 처음부터 좋은 글을 쓰려고 하기 때문이다. 어깨에 힘을 빼자. 누가 볼 것도 아니니 부담을 가질 필요가 없다. 처음부터 제갈공명의 '출사표' 같은 명문을 쓰려고 마음먹으면 평생 글을 못 쓸 것이다. 글쓰기가 익숙하지 않은 사람이라면 처음에는 두 문장만 써도 충분하다. 주장과 근거 각 한 문장씩 말이다.

예를 들어 학교에서 체벌을 금지하는 인권조례에 관한 칼럼을 읽었다고 가정하자. 글을 읽으면 지금의 상황이 대충 어떠한지, 필자의 견해는 어떠한지가 드러난다. 그 글은 일종의 촉매다. '지금 이런 문제가 있는데, 여기에 대한 너의 생각은 어때?'라고 물으면서 우리 머릿속에 어떤 생각을 촉발시키는 역할을 하고 있는 것이다. 내 입장과 그 입장을 뒷받침하는 근거를 한번 써보자.

> 나는 현재 일선 학교에서 체벌을 금지한 교육청의 조치가 옳지 못하다고 생각한다.(주장) 왜냐하면 현재 일탈행동을 하는 학생들을 통제할 수 있는, 체벌이 아닌 또 다른 적절한 수단이 교사들에게 보장되어 있지 않기 때문이다.(근거)

이렇게 주장과 근거로만 글을 써도 충분하다. 3분도 걸리지 않는다. 이 작업에 재미와 습관이 붙기 시작하면 나중에는 누가 시키지 않아도 다른 말을 덧붙이게 된다. 예컨대 '그러나 이 말이 체벌을 전면적으로 허용해야 한다는 주장은 아니다. 다만 현실적으로 효과가 있는 또 다른 학생 지도수단을 도입하는 것이 먼저고, 체벌의 금지는 그 뒤에 이루어져야 한다는 말이다.'와 같이 부연 설명을 붙이거나, '우리 학교의 예를 들어보면…….' 하는 식으로 마음 내키는 대로 문장을 조금씩 늘려나가면 된다. 이 작업을 실제로 해보면 매우 재미있다. 그리고 효과도 매우 크다. 며칠만 해도 자신의 머리가 점점 명민해지고, 날카로워지고 있다는 것을 스스로 느끼게 된다.

지금 문제되는 상황이 무엇인지 파악하고, 거기에 대한 나의 입장을 정리하고, 나의 주장을 정당화하기 위한 설득력 있는 근거를 제시하는 것. 이것은 내신국어든 수능국어든 논술이든 그 어느 시험이든지 간에 공통적으로 필요한 중요한 능력이다. 따라서 이런 방식으로 매일 글을 쓰는 연습을 하면 그 능력 때문에 국어 공부뿐 아니라, 다른 과목의 성적까지 함께 오르게 된다.

논술을 어렵게 생각하는 학생들이 많은데, 논술에서 측정하는 것도 결국은 이런 설득력 있는 근거를 대는 능력이다. 따라서 평소에 주장과 근거로 이루어진 짧은 글을 꾸준히 써온 학생이라면, 채점자의 고개를 끄덕이게 만드는 글을 쉽게 쓸 수 있다. 논술뿐만 아니라 면접도 마찬가지다.

예전에 어떤 학생이 서울대학교 법학과에 원서를 쓰고, 면접을 보러 갔다. 면접 장소에서 뽑은 질문지에는 다음과 같은 질문이 적혀 있었다.

당신은 변호사다. 그런데 당신을 찾아온 의뢰인(범죄자)이 자신의 무죄를 주장해달라고 한다. 그런데 당신이 수사기록을 살펴보니 유죄의 증거가 너무나도 확실하다. 이 상황에서 무죄를 주장하면 승산이 없지만 의뢰인은 막무가내다. 어떻게 하겠는가?"

그 학생은 다음과 같이 대답했다.

"저는 의뢰인에게 유죄를 인정할 것을 권유하겠습니다."(입장정리)

그 말을 들은 교수가 딱딱한 표정으로 질문했다.

"이유는?"

"이대로 가면 재판에서 이길 가능성이 없습니다. 대신 유죄를 인정하되 반성하는 태도를 보인다면 재판에서 낮은 형량을 받을 가능성이 높아질 겁니다. 이 점을 중점적으로 설명해, 의뢰인을 설득하도록 하겠습니다."(논거제시)

"그런데 자네 말대로라면 의뢰인은 자신의 무죄를 주장할 권리가 없다는 거잖아?"

허를 찌르는 질문이었다. 내심 당황했지만, 그 학생은 평소에 연습한 대로 상대방의 질문이 무엇이 잘못됐는지, 설득력 있는 논거가 무엇이 있는지 빠르게 머리를 굴렸고, 몇 초 뒤 웃으면서 이렇게 대답했다.

"변호사는 저 말고도 많이 있을 거 아닙니까?"

순간 면접장에는 폭소가 터졌고, 미소를 가득 띤 교수들은 그 학생에게 이렇게 말했다고 한다.

"대답 잘했네. 이제 합격하면 앞으로도 공부 열심히 하게나!"

PART
6

# **학원관리,**
# 학원과 과외를 제대로 이용하기 위한 멘토링

# "정말 **혼자서 공부**해도 괜찮을까요?

수기집 『하루라도 공부만 할 수 있다면』에서 밝힌 대로 나 같은 경우는 독학으로 공부한 케이스이지만, 모든 학생이 나와 같은 상황에 해당할 거라고 생각하지는 않는다. 자신에게 도움이 된다면 학원이나 과외를 적절히 활용하는 것이 나쁘다고 할 수는 없다.

하지만 이런 사교육을 활용할 때는 분명한 원칙을 가지는 것이 좋다. 물론 자신에게 과연 효과가 있을지에 대해서 곰곰이 생각해보는 것도 필요하다. 여기서는 내가 고등학교를 졸업하고 지금까지 학생들을 가르쳐오면서 경험한 것들을 바탕으로 이에 관련된 원칙 몇 가지를 말하려고 한다.

먼저 과외는 어떤 경우에 받는 것인지 이야기해보자. 하위권의 경우, 혼자서는 기본개념을 잡기 힘든 경우가 있다. 기초가 부족한 상태라서 학원 수업이나, 인강을 들어도 이해하기 힘들 수 있다. 따라서 하위권은, 기초부터 차근차근 쉽게 설명해주는 과외 선생님이 있다면 도움이 될 수도 있다. 물론 본인이 열심히 하겠다는 의지가 있어야 한다.

그리고 과외가 효과가 있는 또 다른 경우가 있는데, 주로 수학이나 과학에서 일종의 영재성(?)을 타고난 극소수의 학생들이 그 대상이다. 대략 1,000명 중에 한 명 정도는 뭐랄까 천재끼(?)라고 불릴 만한 것을 타고나는데, 이건 단순히 공부를 잘한다는 것하고는 좀 다른 차원이다. 나도 학생들을 가르치면서 이런 종류의 학생들을 딱 두 명 만나보았다.

그중 한 명은 초등학교 6학년 남학생이었는데 아무리 긴 문장도 한 번만 보고는 그대로 외워버리는 학생이었고, 또 다른 학생은 초등학교 4학년 남학생이었는데, 나도 못 푸는 수열문제를 생전 보지도 못한 풀이방법으로 간단하게 풀어내고는 했던 학생이었다. 훙얼훙얼거리면서 고등학교 수열문제를 함수를 이용해서 풀어버리는 그런 소름 돋는 학생들이 정말 가끔 있기는 하다.

이런 학생은 괜히 내신 대비 학원에 다니면서 문제풀이의 양만 늘리는 것보다는, 그 과목을 전공한 실력 있는 교사에게 당장의 학교 공부와는 별로 상관이 없을지라도, 깊이 있는 공부를 배우는 것이 좋다.

만약 위의 두 경우가 아니라면, 즉 자신이 기초가 정말 부족해서 혼자 공부하는 것이 마치 맨땅에 헤딩하는 것처럼 느껴진다거나, 반대로 '아무리 생각해도 나는 천재인 것 같다.'라는 확신이 서 있는 경우가 아니라면, 과외보다는 혼자 공부하는 습관을 들이는 것을 추천하고 싶다.

특히, 잠깐 개념 설명을 하고 문제 몇 개 푸는 식의 평범한 과외는 제일 돈이 아까운 과외다. 왜냐하면 기본개념을 잡고 싶다면 혼자서 교과서를 반복해서 읽거나 인강을 듣는 것이 훨씬 낫고, 문제 푸는 요령을 기르기 위해서라면 혼자 끙끙거리면서 여러 문제를 풀어보는 것이 훨씬 낫기 때문이다. 그런 과외를 하겠다면 차라리 나처럼 도서관에 짱박혀서 스스로 계획하고 달성하는 공부의 즐거움을 느껴보기를 권한다.

그래도 불안해서 굳이 과외를 하겠다면, 올바르게 과외를 활용하는 법을 알려주겠다. 만약 수학이라면, 과외시간마다 자신이 30분 이상 고민해도 풀 수 없었던 문제를 20개 이상씩 준비해가라. 영어라면, 자신이 아무리 사전을 뒤적여도 해석할 수 없었던 독해지문 20개씩을 준비해가자.

과외시간은 그렇게 궁금한 것들을 해결하는 것으로 충분하다. 과외선생님이 필요한 이유는 내 공부의 막힌 부분을 뚫기 위해서다. 아무리 고민해도 모르는 것을 물어보기 위해 과외수업을 받는 것이다.

공부 잘하는 친구에게 물어보려고 했지만, 그 친구가 이제는 내가 뇌물로 먹이는 빵과 우유에 면역력이 생겨버렸을 때, 어쩔 수 없이 선택하는 것이 과외다. 그러므로 적극적이지 않은 학생에게는 과외가 소용

없다. 과외는 학생 본인이 원할 때만 하는 것이 좋고, 학생은 선생님께 물어볼 것을 가득가득 준비해가야 한다. 과외는 그렇게 활용해야 효과가 있다.

학원은 어떨까? 주입식 교육이라면 아무도 학원을 따라갈 수 없다. 각종 쇼맨십을 곁들인 덕분에 귀에 쏙쏙 들어오는 강의를 시작으로, 외울 것이 잘 정리된 각종 부교재들이 제공되며, 시험 때마다 집중관리해주니 이보다 편할 수 없다. 마치 다 떠먹여주는 것 같다. 하지만 아무 생각 없이 다니면, 의외로 성적이 그렇게 많이 오르지는 않을 것이다. 잘 정리된 설명을 듣는 대신 더 중요한 '공부의 흥미'를 잃어버리면, 살을 얻고 뼈를 내주는 격이 된다.

학원에 다니더라도, 공부는 결국 스스로 하는 것이다. 계획도 내가 세워야 하고, 모르는 문제도 내가 고민해야 하며, 시험 준비도 내가 해야 한다. 그 과정을 누군가에게 넘기려고 한다거나 돈으로 사려고 해서는 안 된다. 따라서 학원은, 분명한 목적을 가지고 내 공부의 일부로서 활용해야 한다. '이번 방학 때만 다음 학기 수학의 내용을 대강 훑어보기 위해서'라는 식으로 분명한 이유가 있어야 한다는 것이다.

즉 학원은 첫째, 단과 위주로 다닐 것. 둘째, 자신에게 필요한 과목만 골라서 다닐 것. 셋째, 분명한 목표를 세워놓고 최대한 짧은 기간만 다닐 것. 이렇게 세 가지를 꼭 명심해야 한다. 그리고 그 목표가 달성되면 최대한 빨리 끊는 것이 좋다. 그러지 않으면 중독되어버릴 수 있기 때문이다. 학원에서 뭔가 해주지 않으면 불안해지는 것이다.

물론 중학생의 경우, 방학 때 학원을 다니면 생활에 큰 도움이 되기도 한다. 고등학생은 방학 때도 학교에 나가는 경우가 많은데, 중학생은 그러지 않아 집에서 늦잠을 자는 등, 생활이 나태해지기 십상이다. 그러나 오전에 수업이 시작되는 학원에 등록하면, 방학 때도 일찍 일어나야 되니, 나태해지지 않고 자기 관리를 하기가 쉬워진다.

# "어느 학원을 다녀야 할지 모르겠어요"

학원을 다녀야 할지, 혼자 공부를 해야 할지 결정하는 부분에 대해서는 이야기했으니, 이제 학원을 다니기로 결정한 학생과, 이미 학원을 다니고 있는 학생들을 위해서 '학원을 선택하는 기준'에 관해서 살펴보자.

학원을 선택하는 두 가지 기준은 '시스템'과 '선생님'이다. 먼저 시스템이란 무엇일까? 어떤 학원이든 수강생들의 성적을 올리기 위한 나름의 시스템을 가지고 있다. 이것은 학원 운영의 방침 같은 것이다. 시스템은 눈에 보이지는 않지만, 아주 사소한 부분까지 영향을 미쳐서 학생들의 성과를 좌우한다. 학원의 위치부터 선생님의 수와 연령대, 정수기의 위치에 이르기까지 수많은 요인들이 학생에게 영향을 미친다.

그러나 그 학원의 운영 시스템이나 커리큘럼을 모두 파악해야 학원을 잘 고를 수 있는 것은 아니다. 일부 학부모님들은 신중함이 지나쳐서 너무 구체적인 것까지 일일이 확인하면서 학원을 고르는 경우가 있다. 시험은 매일 치르는지, 학생들과 상담은 자주 하는지, 피드백은 원활하게 이뤄지는지 등등. 물론 이런 부분이 때로는 중요할 수도 있겠지만 이런 부분을 모두 검토하고 결정한 학원이라도 조금만 지나보면 뭔가 불만족스러운 부분이 발견되거나, 학생이 적응하지 못하는 일이 의외로 자주 일어난다.

시스템이 중요하기는 하지만 그 시스템의 모든 부분을 검토하고 만족해야만 학원을 선택할 수 있는 것은 아니다. 학원의 시스템이라는 것도 결국에는 학생의 성적이라는 목표를 위한 수단에 불과하다. 그러니 이것저것 너무 세밀하게 따지면 시야가 좁아져서 큰 흐름을 보지 못하게 될 수도 있다. 대신 주목해야 할 것은 그 시스템의 결과물인 입시 성과다.

결국 학원의 목표이자 학원을 다니는 수요자의 목표는 성적이다. 따라서 성적을 올려주는지의 여부, 구체적으로 말하면 전년도 입시 성과가 가장 중요하다. 성과가 괜찮다면 그건 다른 학원보다는 효율적인 시스템을 운영하고 있다는 증거이기 때문이다. 다만 이 부분에 있어서 함정을 조심할 필요는 있다. 체인점으로 운영되는 학원의 경우, 전년도의 성과라는 것이 그 학원의 성과가 아니라 체인점 전체의 성과인 경우가

있다. 체인점 전체에서 특목고나 서울대를 수백 명 합격시켰다 하더라도, 정작 우리 동네에 있는 그 학원의 분점에서는 한 명의 합격생도 나오지 않았다면 뭔가 문제가 있다는 뜻이다.

또 하나의 함정은 합격생 부풀리기다. 예컨대 장학금을 주거나 학원비를 면제해주면서 공부 잘하는 학생을 데리고 오는 경우는 상당히 흔한 일이다. 또 그 학원에서 오랫동안 배운 학생이 아니라 그저 공개특강에 한 번 참석한 학생, 논술만 잠깐 배운 학생 등을 모두 자기 학원의 합격생으로 잡는 경우가 있을 수 있다. 공부 잘하는 학생을 많이 데리고 있다는 말이, 그 학원에 가면 성적이 오른다는 말과 같은 뜻은 아니라는 것을 유념해야 한다.

물론 그렇다고 해서 "여기 적힌 합격생들 중에 6개월 이상 다닌 학생의 수는 몇 명이나 돼요?"라고 물어봤자 기분 좋게 대답해줄 원장이 있을 리 없다. 따라서 결국에는 그 숫자의 진실성 여부를 학부모와 학생들이 판단해야 한다. 전년도 입시 성과를 이리저리 돌려 말해가며 숨기려는 태도를 보이거나, 물어보는 질문에 당황해하는 태도를 보인다면 의심해볼 필요가 있고, 반면에 당당하고 진정성 있는 태도로 자기 학원의 성과를 자세히 설명하는 곳이라면 믿음을 가져도 좋다.

또 다른 학원 선택의 기준은 '선생님'이다. 학원은 치킨 집과는 다르다. 소스가 통일되어 있는 '○○치킨'은 전국 어디서 시켜서 먹어도 똑같은 맛이 난다. 하지만 학원은 아무리 체인점이라 하더라도 결국은 모두 다른 사람이 가르치는 것이다. 따라서 학원의 이름이 중요한 것이 아니라, 그 학원에서 고용되어 일하고 있는 개개의 선생님이 중요한 것이다.

선생님을 좋아하면 그 과목의 성적이 오르는 것은 불변의 법칙이다. 이것은 학교든 학원이든 마찬가지다. 물론 '좋아한다.'는 말의 뜻이 '꺄아! 그 선생님을 생각하면 가슴이 두근거려요.'와 같은 것은 당연히 아니다. 또 잘 가르치느냐 못 가르치느냐 하는 문제와도 완전히 다르다. 그보다는 톱니바퀴가 서로 맞물리는 것처럼 학생이 필요로 하는 부분과 선생님의 강의스타일이 맞느냐 안 맞느냐의 문제다. 그리고 이건 결국 개인적인 부분이라 사람마다 다를 수밖에 없다.

예컨대 학생 본인은 모르던 뭔가가 이해될 때 공부의 재미를 느끼는데, 정작 선생님은 이해 위주의 수업을 하기보다는 잘 정리된 프린트만 줄기차게 나눠줄 수도 있다. 이런 경우가 바로 '안 맞는다.'는 것이다. 따라서 누군가에는 잘 맞는 선생님도 누군가에게는 맞지 않을 수 있고, 잘 가르친다는 선생님을 찾아갔더니 나에게는 의외로 효과가 없는 경우가 생기는 것이다.

또 선생님의 강의스타일과 맞는지 안 맞는지의 여부는 학생 스스로도 정확히 모르는 경우가 많다. 중학교 1학년 학생이 "엄마, 나는 중요한 것을 잘 정리해서 제공해주는 선생님이 필요한데 지금 학원선생님은 그런 것보다는 이해 위주의 수업을 하시고, 시험만 계속 쳐서 나에

게는 안 맞는 것 같아요."라고 부모님에게 말할 것을 기대하는 것은 무리라는 소리다.

그러면 어떻게 나에게 맞는 선생님인지 알 수 있을까? 모든 학원의 모든 선생님의 수업을 다 한 번씩 들어봐야 하는가? 옆집 엄마의 말은 믿을 게 못된다. 그 학생에게 맞는다고 해서 우리 아이에게 맞는다는 보장도 없고, 세상의 모든 아이들은 내 아이와 내 아이의 경쟁자, 이렇게 두 가지로 나뉜다고 생각하는 엄마들도 너무나 많기 때문이다.

선생님과 맞는가의 여부는, 보통 학생의 '기분'으로 나타난다. 학원을 다녀와도 뭔가 배웠다는 기분이나 성장하고 있다는 기분이 드는 것이 아니라, 꿀꿀한 감정만 느끼는 것이다. 따라서 이런 기분이 든다면 그 선생님은 그 학생과는 맞지 않는 경우니, 학부모는 학생의 투덜거림을 무시해서는 안 된다.

학부모나 학생이 학원을 고를 때도, 그 학원에 들어갔을 때의 '기분'에 집중해야 한다. 고객의 기분. 얼핏 들으면 애매해 보이지만, 실제로 이건 매우 정확한 기준이 된다. 누구나 음식점에 다니면서 비슷한 경험을 해봤을 것이다. 불친절하고 왠지 모르게 기분이 나쁜 식당에서는, 음식이 맛있는 경우가 거의 없다. 그런 경우 꼭 후회를 하게 된다. 반면에 들어가는 순간, 뭔가 모르게 기분이 좋아지고 가게 분위기도 산뜻하며 일하는 사람들도 친절하다면 음식도 맛있게 나오는 경우가 대부분이다. 그건 가게를 운영하는 사람의 철학이 위생 상태부터, 친절도와

맛에 이르기까지 영향을 미치고 있기 때문이다. 학원도 마찬가지다.

사람이 모여 무엇인가를 하는 곳에는 항상 '흐름'이라는 것이 있다. 유명 대기업이라고 해서 항상 최고의 이익을 내는 것도 아니고, 예전에 잘나갔던 학원이라고 해서 반드시 지금도 잘나간다는 법은 없다. 같은 학원이라도 좋을 때가 있고 나쁠 때가 있는데, 그런 흐름은 결국 모든 곳에서 드러나게 마련이다. 입학 실적이라는 구체적인 성과부터 시작해서 원장이나 직원들의 표정, 현재 다니고 있는 아이들의 태도에 이르기까지 그 분위기의 영향을 받는다.

들어가는 순간, '나보고 뭐 어쩌라고?'라는 표정으로 쳐다보는 안내 직원. '어서 돈이나 내놔.'라는 표정의 원장, '내가 여기서 왜 이 고생이지…….'라는 표정으로 힘없이 돌아다니고 있는 학생들. 좋은 학원인가의 여부는 논리적으로 '아는' 것이 아니라, 그렇게 그 건물 속에 있는 사람들의 표정과 말투에서 '느낄' 수 있는 것이다. 따라서 어떤 학원을 방문한다면 그 학원 건물 안에서 자신이 어떤 기분을 느끼는지에 집중할 필요가 있다.

학원 선택의 문제는 어느 정도는 확률게임이라고 본다. 그리고 사람이 하는 일은 결국 사람이 중요한 것이니, 그 사람에게서 느껴지는 인상을 판단하지 않고 수치만 봐서는 알 수가 없다. 학원의 분위기와 느낌이 좋고, 담당 선생님과 상담을 하며 이야기를 해보니 열의가 느껴진다면 그 학생의 필요를 채워줄 수 있는 가능성이 다른 선생님들보다는 높을 것이다.

단순히 큰 학원이나 유명한 학원을 따라가는 것도 현명하지 못하고, 어디가 잘 가르친다는 옆집 엄마의 말이나, 책임지고 성적을 올려주겠다는 원장의 말에 무턱대고 귀를 기울일 일도 아니다. 학생과 부모가 함께 이곳저곳 다녀보면서, 직접 '분위기를 느껴봐야' 하고, 그러다보면 상승세를 타고 있고, 학생에게도 잘 맞는 학원을 찾아낼 수 있을 것이다.

## Q 32

# "어떤 **선생님**에게 **과외**를 받을까요?"

과외수업의 경우에는 선생님의 역량에 따라 결과의 편차가 매우 커지는 특색이 있다. 그러나 선생님의 역량이라는 것이 꼭 그 선생님의 학벌이나 경력에 의해 결정되는 것은 아니다. 아무리 좋은 실력을 가지고 있어도 학생에게 신경을 써주지 않으면 소용없는 일이다. 그러므로 과외선생님의 가장 중요한 덕목은 성실함이 아닐까 한다. 선생님의 학벌이라는 것도 그 성실함을 객관적으로 측정하기 위한 확률적인 수단일 뿐이라고 생각하는 것이 좋다.

학생의 취향이 모두 다르고, 과외선생님의 스타일이 모두 달라서, 선생님을 선택하는 팁에 관해서 일률적으로 말하기에는 어려움이 있다.

그러나 선생님의 상황과 종류에 따라서 꽤 높은 확률로 일어날 수 있는 일에 대해서 이야기할 수는 있을 것이다. 나 역시 재수를 할 때부터 수많은 학생들을 과외로 가르쳐왔기 때문이다. 다만, 여기서 말하는 팁들을 확실한 법칙이라고 받아들이기보다는 '이런 일도 일어날 수 있겠구나!' 하는 정도로 참고하면, 좀 더 지혜롭게 나에게 맞는 과외선생님을 선택할 수 있으리라 생각한다.

과외선생님을 선택하는 기준을 알기 앞서 과외가 필요한 때와 과외 효과가 가장 큰 때는 언제일지 알아보자.

하위권의 경우에는, 즉 내용의 이해가 부족한 학생들에게는 과외가 효과적일 수도 있다. 학원이나 공부방을 가도 나에게만 맞춰서 수업이 진행되는 것은 아니니, 친절한 선생님이 이해를 시켜준다면 공부에 흥미가 생길 수 있을 것이다. 또한 하위권은 매일 공부를 꾸준히 하는 습관 자체가 잡혀 있지 않은 경우가 많은데, 이 경우 정기적인 숙제나 꾸준한 피드백을 통해 공부를 이끌어줄 수 있는 과외선생님이 있다면 큰 효과를 볼 수도 있다.

중위권의 경우에는 막힌 부분을 혼자서 해결하기 힘들어하는 경우, 과외가 효과 있을 수도 있다. 물론 수준에 맞는 인터넷강의를 들으면서, 질문게시판을 통해 모르는 것을 해결할 수도 있다. 그러나 수학 같은 경우는 질문게시판을 통해 물어보기가 곤란하고, 질문에 대한 해답을 들어도 속 시원하게 해결되지 않는 경우가 의외로 많다. 내가 모르는 것들을 모아두고 과외시간을 통해 해결하는 방식의 수업이라면, 과외는 현재 상황을 돌파하기 위한 좋은 수단이 될 수 있다.

상위권의 경우에는 특정 취약 부분을 해결하기 위해 과외를 활용할 수 있다. 예컨대 영어가 항상 95점 이상은 나오지만 문법문제에 약해서 꼭 한두 개씩 틀리는 경우, 그 부분의 전문 과외선생님에게 기간을 정해서 집중적으로 훈련을 받으면 자신의 구멍을 메우고 만점으로 도약할 수 있을 것이다. 이처럼 과외는 내가 필요로 하는 부분을 명확히 정해놓고, 그다음에 거기에 맞는 선생님을 찾아야 효과가 있는 사교육 시스템이다.

## 1. 현역 대학생 과외의 장단점

현재 대학교를 다니고 있는 과외선생님의 장단점에 관해 이야기해보자. 일단 장점은, 학생과 나이 차이가 많지 않아서 서로 친하게 지낼 수 있다는 점이다. 물론 선생님하고 친해져봐야 무슨 소용 있겠냐고 생각할 수도 있다. 그러나 어떤 선생님이 좋아지면 그 과목에 대한 흥미가 생긴다는 불변의 법칙을 떠올리면 이것은 꽤 중요한 장점이 될 수 있다. 또한 대학생 과외선생님은 수험공부를 끝낸 뒤 시간이 많이 지나지 않아, 아직도 생생하게 남아 있는 자신만의 경험이 있다는 장점이 있다. 그러므로 자신은 중·고등학교 때 어떤 어려움이 있었고, 어떻게

극복을 했는지 구체적으로 말해줄 수도 있을 것이다.

그러나 이러한 점이 오히려 단점이 될 수도 있다. 자신의 경험이 진리라고 착각하는 경우가 있기 때문이다. 공부법에는 누구에게나 공통적으로 적용할 수 있는 부분도 있지만, 사람마다 적용 여부가 달라질 수 있는 부분도 있다. 아직 경력이 짧은 대학생 과외선생님이 그저 자신의 경험에 지나지 않는 것을 누구에게나 적용할 수 있는 진리인 양 전달하고, 배우는 학생이 무비판적으로 그 조언을 수용하면 불필요한 시행착오를 겪게 될 수도 있다.

대학생 과외의 단점이 또 하나 있는데, 그것은 시험기간이 서로 겹친다는 것이다. 평소에는 부실하게 가르쳤더라도, 시험기간에 집중적으로 관리를 해주면 학생의 성적이 오르는 경우가 꽤 있다. 그러나 집중적으로 학생을 지도해주어야 할 시기에 자기 자신의 시험 준비에 바빠지니, 과외를 받는 학생에게 이득일 리 없다.

대학생 과외를 선택한다면 이런 부분을 예상해두는 것이 좋다. 하지만 이런 단점이 있음에도 불구하고, 상대적으로 낮은 가격과 생생한 수험 경험은 분명히 매력적인 부분이다.

## 2. 휴학·졸업생 과외선생님의 장단점

휴학을 했거나 이미 대학교를 졸업한 과외선생님은 자신과 학생의 시험기간이 서로 겹친다는 단점이 없다. 게다가 휴학생이나 졸업생의 신분으로 과외를 하는 경우는, 과외라는 일에 좀 더 집중하기 위해서인 경우가 많아서 보다 전문적인 서비스를 기대할 수 있다.

다만 이 선생님들은 진로의 변동이 있을 수 있다는 점을 예상해두어야 한다. 불쑥 군대를 가버린다거나, 혹은 고시공부를 하겠다며 과외를 더 이상 할 수 없다는 통보를 해오거나, 곧 결혼해서 외국으로 떠난다고 하면 배우던 학생은 참으로 난처하다.

따라서 과외를 시작할 때 편안한 분위기에서 선생님의 진로에 대해 물어보고, 나중에 선생님이 과외를 그만두더라도 적당한 기간 전에 학생 측에 미리 통보를 해줄 것을 요구해두는 것이 현명하다.

### 3. 재수생 과외의 장단점

실력 있는 재수생에게 과외를 받는 것은 꽤 추천할 만하다. 서울대나 의대를 꼭 가고 싶었는데 아쉽게 떨어져서, 지금 종합학원에 다니고 있는 재수생은 대학생 과외보다 장점은 훨씬 많고 단점은 적다고 본다.

일단 재수생은 대학생처럼 자신의 시험기간과 학생의 시험기간이 겹친다는 단점이 없다. 그리고 이들의 가장 큰 장점은, 자신이 오전과 오후에 학원에서 배운 내용을 그대로 자신이 가르치던 학생에게 전달해준다는 것이다. 즉 재수생활 자체가 일종의 과외준비의 역할을 하고 있는 셈이다. 또한 지금도 수험공부를 하고 있다는 점과, 지난해의 실패를 극복하고 목표를 이루기 위해 절제하고 노력하는 태도 역시 배우는 학생에게 스며들어 공부하는 마음가짐에 큰 도움을 주기도 한다.

다만, 가르쳐본 경력이 없거나 짧다는 것은 대학생 과외선생님과 동일한 단점이다. 어떻게 해야 효율적으로 학생을 이해시키고 성적을 올릴 수 있는지에 대한 노하우는 연습과 경험이 필요한 부분이기 때문이다. 따라서 재수생이면서 학생을 가르치겠다면 이런 부분을 상쇄할 만큼의 열정과 실력은 반드시 있어야 할 것이다.

## 4. 공부방 과외(그룹 과외)의 장단점

개중에는 몇 명의 아이들이 모여서 그룹 과외를 받는 경우도 있다. 가격은 공통된 이해관계다. 학생은 혼자 배울 때의 절반 이하 가격으로 과외를 받을 수 있고, 선생님은 많은 학생들을 모아 한 명을 가르칠 때보다 훨씬 더 많은 보수를 받을 수 있다. 배우는 학생 본인 입장에서도 부모님께 부담을 조금이나마 덜어드리는 것 같아 훨씬 마음이 편하다.

그러나 미리 예상해두어야 할 단점이 있다. 그룹 과외의 속성상 나에게 맞는 진도나 수업은 기대하기 어렵다는 것이다. 심지어는 이게 과외인지 학원인지 구분이 안 가는 경우도 있어, 이름만 과외지 사실은 비싼 학원수업과 다를 게 없는 경우도 간혹 있을 수 있다. 이런 경우라면 애초에 학생이 기대한 효과는 얻기 힘들 것이다.

또 하나 생각해볼 것은 이동 문제다. 그룹 과외는 대부분 선생님의 집이나 사무실에서 행해지는 경우가 많다. 하지만 나는 이 부분이 단점은 아니라고 본다. 물론 오가는 게 귀찮고 다리가 아프기는 하겠지만, 그렇다고 그것이 손해 보는 일은 아니다. 내가 이렇게 고생을 해서 거기까지 배우러 가는데 뭐라도 반드시 얻어와야겠다는 생각이 들기 때문에 오히려 도움이 될 수도 있다. 가끔 '내가 내 돈 내고 왜 이 고생이지?'라는 생각이 들기도 하겠지만, 어차피 자기 집에서 편하게 배우는 학생들의 상당수는 매너리즘에 빠져 과외시간에 조는 경우가 많다는 사실을 알아두는 것이 좋다.

그룹 과외의 치명적인 단점은 그 자체가 불법인 경우가 많다는 것이다. 물론 관할 교육청이나 세무서에 신고하지 않고 운영하는 공부방에 다닌다고 해서 학생이 처벌을 받거나 과태료를 내지는 않는다. 하지만 불법 공부방을 운영하던 선생님이 어느 날 '단속에 걸려 문 닫습니다. 그동안 감사합니다.'라는 종이쪽지를 자기 집 문 앞에 붙여놓고 사라져 버리면 배우던 학생들은 황당하게 될 수도 있다는 사실은 예상해두는 것이 좋다.

자신에게 맞는 과외선생님을 만나 선택했다면 반드시 잊지 말고 과외선생님에게 요구해야 할 것이 있다.

첫째는 '진도표'다. 이번 주에는 어떤 수업을 하고, 몇 달 안으로 무

엇을 끝낸다는 식의 진도계획이 없으면 나중에는 선생님이나 학생 모두 매너리즘에 빠져, 시간 때우기 식의 과외로 흘러가게 될 위험이 있기 때문이다.

둘째는 '시간엄수'다. 시간을 잘 지키지 않는 선생님이라면 과외방식 역시 준비 없이 후다닥 와서 그냥 생각나는 대로 가르치고 가버리는 스타일일 확률이 높다. 물론 사람이니 한두 번은 급한 일이 있을 수가 있다. 그러나 한 달에 세 번 이상 그런 일이 벌어진다면 그건 그 선생님의 성격인 것이고, 이런 과외선생님은 일찌감치 피하는 것이 현명하다.

셋째는 '피드백'이다. 학부모와 상담하는 일에 게으른 과외선생님은 학생을 가르치는 일에도 게으를 확률이 높다. 아무리 시간이 지나도 현재 진도와 예상 종료시점이 어딘지, 학생의 문제점과 그것을 교정하기 위한 자신의 지도 방향이 어떠한지에 대한 피드백이 전혀 없다면 좋은 선생님이라고 하기 어렵다.

Q33

# "인터넷강의는 어떻게 활용하죠?"

사교육 선택의 가장 좋지 않은 사례는 남들이 좋다니까 아무 생각 없이 따라가는 경우다. 학원이든 과외나 인터넷강의든, 자신이 어떤 스타일의 학생이고, 나에게 현재 무엇이 부족한지 일단 정리해둔 다음에, 거기에 맞는 사교육을 선택해야 한다.

예컨대 정해진 시간에 수업이 시작되는 학원이나 과외는 생활 관리가 나태한 학생들에게 생활 관리를 겸하는 효과가 있을 것이다. 또 여럿이 모여 공부하는 학원이나 그룹 과외는 경쟁심이 있는 학생이나, 자극을 받으면 공부를 열심히 하는 소위 성깔(?) 있는 학생들에게 효과를 발휘할 수 있다. 그리고 모르는 내용을 혼자 해결하기 어려운 학생은 과외

가 알맞을 것이다. 그렇다면 인터넷강의는 어떤 경우에 효과가 있을까? 그리고 인터넷강의를 효율적으로 활용할 수 있는 방법은 무엇일까?

### 1. 인터넷강의에만 집중할 수 있는 환경을 만들어라

인터넷강의의 단점은 그것이 컴퓨터나 스마트폰이라는, '학생들에게 가장 위험한 도구'를 이용해야 한다는 점에 있다.

문제는 이런 기계들을 공부로만 활용하는 학생이 극히 드물다는 점이다. 인터넷강의를 봐야 한다며 부모님을 졸라 컴퓨터나 스마트폰을 바꿨지만, 정작 인터넷강의는 듣지 않고 웹툰, 톡, 게임, 인터넷에 시간을 보내는 것이 대부분이다.

이건 인간의 본성이지, 의지의 문제가 아니다. 누구라도, 심지어 전교 1등도 컨트롤하기가 힘든 것이 바로 이 두 기계다. 따라서 인터넷강의를 보겠다며 부모님을 졸라서 새로 산 스마트폰으로 연예인 뉴스만 검색하고 있는 자신의 모습이 싫어질 것 같다면, 다음의 조언을 반드시 실천하기를 바란다.

가급적 '집'에서 인터넷강의를 보지 마라. 누구라도 집에서는 긴장이 풀리게 마련이다. 공부가 잘될 리가 없나. 간혹 굳은 의지를 발휘해서 인터넷강의를 켰더라도, 이내 다른 짓에 빠지게 된다. 이건 누구라도 그렇게 될 수밖에 없다. 그것은 나를 쳐다보는 사람이 없는, 너무 편한 환경이라서 그런 것이다.

인터넷강의는 '도서관 컴퓨터실'을 이용하는 것이 최고다. 지나다니는 사람들이 내 컴퓨터 화면을 쳐다보게 되므로 아무래도 딴짓을 하기에 불편해진다. 그리고 그 불편함이 나로 하여금 공부를 하게 만들어주는 것이다.

그러니 인터넷강의를 보겠다면, 중학생인 경우는 평일에 학교를 마치고 도서관에 갔을 때를 이용하라. 고등학생이라서 평일에는 도서관에 갈 시간이 나지 않는다면, 주말을 활용하면 될 것이다.

## 2. 미리 계획을 세우고 들어라

인터넷강의는 자신이 원하는 시간에 언제든지 들을 수 있다. 따라서 시간이 부족한 학생이라면 학원이나 과외보다는 인터넷강의가 알맞을 수 있다. 다만, 언제든지 원하는 시간에 들을 수 있다는 점이 오히려 독이 될 수도 있다. 매일 규칙적으로 듣는 것이 아니라 그저 생각날 때 듣는다거나, 몰아서 듣는 식으로 계획 없이 활용하게 되면 효과가 반감되기도 한다. 따라서 인터넷강의를 선택하는 경우에는 반드시 자신의 생활 관리를 철저히 해야 한다. 특히 하루에 몇 개를 듣고, 언제까지 모두 끝내겠다는 식의 계획은 반드시 세워두고 시작해야 한다.

## 3. 여러 선생님의 공개강의를 들어본 뒤에 결정하라

소위 '스타 강사'라 불리는 유명 인터넷강사의 강의는 많은 학생들에 의해 검증되었다는 장점이 있다. 그러나 인기가 많다고 해서 나에게도 꼭 맞는 선생님이라는 보장은 없다. 학생 상황에 따라서 필요한 것은 모두 다르고, 선생님 각각의 스타일과 제공되는 지식들은 모두 다르기 때문이다. 따라서 반드시 공개강의를 미리 들어보고, 자신에게 맞는지를 확인한 뒤에 선택해야 시행착오를 줄일 수 있다.

## 4. 복습하는 시간을 반드시 확보해두어라

예전에 도서관에 갔을 때 어떤 여학생이 시험을 앞두고 하루 종일 인터넷강의만 듣고 있는 것을 보았다. 왠지 그 마음이 이해가 되었다. 인터넷강의를 보고 있으면 불안하고 초조한 마음이 어느 정도 사라지고, 공부를 하고 있다는 생각에 안심이 되는 것이다.

그러나 인터넷강의는 그것을 보고 듣는 것만으로는 효과가 없다. 물론 듣는 순간에는 모든 것이 잘 이해되고, 정리되는 것 같지만, 그것을 정작 내 것으로 만들려면 따로 시간을 내서 반드시 복습을 해야만 한다. 따라서 인터넷강의를 수강하겠다고 마음을 먹었다면 그것을 복습하는 시간을 언제로 예정할 것인지 미리 결정해두어야 한다. 공부를 하는 것은 인터넷강의를 보는 그 시간이 아니라, 봤던 내용을 복습하는 시간에 이뤄진다는 것을 명심해야 한다.

### 5. 자신이 부족한 부분은 반드시 반복해서 들어라

인터넷강의의 가장 큰 장점은 설명을 반복해서 들을 수 있다는 점이다. 이 장점을 활용할 수 있는 동영상 플레이어의 핵심기능이 '일시정지'와 '되감기' 기능이다. 따라서 인터넷강의의 활용은 이 두 기능의 버튼을 얼마나 자주 누르느냐에 달려 있다고 해도 과언이 아니다.

'2주 만에 이걸 모두 다 들어버려야지!'라는 욕심을 접고, 이해가 잘 안 되는 부분이 나오면 곧바로 되감기를 눌러 설명을 반복해서 들어야 한다. 내가 이해가 안 되는 그 부분이 바로 내가 공부해야 할 부분이기 때문이다. 즉 인터넷강의를 듣는 목적은 되감기 버튼을 눌러야 할 부분을 찾기 위해서라고 생각하면 된다. 인터넷강의를 들으면서 되감기 버튼을 한 번도 누르지 않았다면 나에게 별 도움이 안 되는 너무 쉬운 강좌를 선택했다는 뜻이다.

또한 문제풀이를 하는 장면에서는 일시정지 버튼을 최대한 활용해야 한다. 빨리 진도를 끝내고 싶은 욕심에, '미리 풀어보지는 않았지만, 그냥 풀이 과정을 설명하는 것을 듣고 이해하고 넘어가자.'라고 생각하면 안 된다. 문제풀이를 시작하려는 장면에서 일시정지 버튼을 눌러라. 그리고 반드시 스스로 풀어보고 나서, 다시 재생 버튼을 눌러 풀이

과정 설명을 들어야 한다. 그래야 내 스스로 하는 공부와 인터넷강의의 설명이 결합되어, 시너지효과를 발휘하면서 최고의 효율을 발휘한다.

PART
7

# **진로조언,**
# 미래를 설계하기 위한 멘토링

Q 34

# "진로 결정은 언제 해야 하나요?"

많은 학생들이 진로가 중요하다는 사실을 자신도 이미 알고 있다고 말한다. 그러나 진로가 중요하다는 것을 안다고 하면서도 정작 진로에 대한 탐색을 게을리한다면 그것은 정말로 중요성을 아는 것이 아닐 것이다.

물론 진로에 대한 탐색에 시간을 많이 쓰기 어려운 현실적인 사정을 나는 이해한다. 당장의 성적이 급하기 때문에 진로에 대한 고민을 내신과 수능 결과가 나온 후로 미루는 것이리라. 그러나 진로에 대한 탐색을 미리 끝내놓으면 공부에 있어서도 동기부여가 되기 때문에 내신과 수능에서 더 좋은 결과를 이끌어낼 수도 있다.

다만 '어느 학과가 전망이 좋다더라.', '어느 직업이 돈을 많이 번다더라.' 하는 식으로 '자기 자신'을 파악하지 않고 그 진로 자체에 대한 정보만으로 미래를 결정하는 것은 매우 위험하다. 그런 정보만으로 진로를 결정하게 되면, 나중에 자신과 잘 맞지 않아서 중도 포기하게 되거나, 진로 수정을 하게 되면서 그 시간만큼 인생을 허비하게 될 수도 있기 때문이다.

따라서 진로를 잘 결정하기 위해서는 그 학과나 직업에 대한 전망을 알아보는 것도 중요하겠지만 그보다 더 중요한 것은 자기 자신을 파악하는 것이 된다. 이 부분과 관련해서는 독자 여러분의 이해를 돕기 위해 나의 진로 경험을 말하는 것이 필요할 것 같다.

내가 생각했던 나는, 앞에 나서는 리더 스타일은 아닌 것 같았다. 팀을 이끌고 사람들을 하나로 뭉쳐서 정해진 목표로 전진하게 만드는 일은 예전부터 절대 내 스타일이 아니었다. 중학교 2학년 때 반장을 맡은 적이 있었는데, 지금까지 가장 끔찍한 기억 중의 하나로 남아 있다.

반면에 나는 예전부터 상황을 파악하는 능력은 다른 능력들에 비해서 그나마 나았다. 다들 어리둥절하고 있을 때도 지금 일이 어떻게 돌아가고 있는지 금방 알아챘다. 지금이 들이대야 할 때인지, 아니면 도망가야 할 때인지 남들보다 빨리 알 수 있었고, 어떤 방법을 써야 그 일을 효과적으로 해낼 수 있는지도 잘 알았다.

그러다보니 내가 잘했던 것은 조언과 상담이었다. 덕분에 수능을 두 달 앞두고 공부란 것을 처음 시작한 학생도 법학과에 합격을 시킬 수 있었고, 자신에게 관심 없는 여학생을 짝사랑하며 혼자 애태우던 친구에게, 성공할 수밖에 없는 방법도 가르쳐줄 수 있었다. 중학교 친구에게 "돌이켜보니, 네 예측은 항상 옳았어."라는 말을 들었던 나는 지금도 "선생님 말대로 했더니 수능국어가 올랐어요!"라는 말을 듣는다.

반면에 나는 끈기가 부족하다. 게다가 감정의 기복이 심해서 규칙적으로 무엇인가를 해야 하는 일에는 무척 약하다. 내가 매일 수업을 들으러 학교에 나가는 것에 얼마나 큰 인내를 대가로 치르고 있는지 아마 교수님들은 모를 것이다. 그리고 나는 재미가 없다고 느껴지면 발등에 불이 떨어져도 하기가 싫다. "자기가 하기 싫은 건, 죽어도 안 해요." 라는 말은 내가 자주 듣는 말 중에 하나다.

그런 내가 좋아하던 일은 창의적인 일이었다. 중학교 때는 만화를 그려서 학교 게시판에 걸어놨고 반응도 꽤 좋았다. 그때 내 꿈은 만화가였다. 하지만 만화에 특출난 재능이 있는 내 주위의 친구들을 보며, 나는 그런 재능까지는 없다는 사실을 깨달았다. 내가 유명한 만화작가들과 경쟁할 수 있을 만한 그릇은 아니라는 것을 알 만큼의 머리는 나도 돌아갔다.

고등학교 시절 여러 가지 책을 읽으면서 틈틈이 내 생각을 연습장에 써봤다. 글을 쓰는 것은 의외로 무척 재미있었다. 대학교에 들어와서도 아무도 부탁하지 않은 글을 틈틈이 썼다. 얼마 전 오래된 책 속에서 그 당시 내가 썼던 글 하나를 발견한 적이 있었는데, 지금 다시 읽어보니 내가 봐도 무척 재미있었다.

그런 특성을 가진 나에게 공과대학은 잘 맞질 않았다. 기계로 가득 찬 연구실에서 선박을 설계하고 연구하는 일이 나를 말려죽일 것이라는 것을 예감할 수 있었다. 나는 좀 더 사회를 알고 싶었고, 사람들을 알고 싶었다. 사회가 어떻게 작동하는지, 사람들이 어떤 방식으로 행동하는지 알고 싶던 나에게는 법학이 매력적으로 느껴졌다. 내가 사회에 기여하고 사람들을 도울 수 있는 기회가 생긴다면, 그 바탕이 되는 전문성에는 법률 지식만 한 것도 없다는 판단도 섰다. 거기까지 생각이 미치자 더 이상 망설일 이유가 없었다. 나는 수능을 다시 봐서 법학과로 진로를 바꾸었다. 이과에서 문과로 180도 전향한 것이다. 법학과에서 공부를 하고 있는 지금의 나는 내가 하고 있는 이 공부에 매우 만족하고 있다.

그 후에 기회가 닿아서 여러 책을 쓰게 되었다. 그건 무척이나 즐거운 작업이었다. 상담과 조언에 나름 적성이 있었고 창의적인 일을 좋아하던 나에게는 이것만큼 꼭 맞는 일도 없었다. 글을 쓰는 것을 좋아했었고, 한글문서로 여백·폰트 수정 없이 100페이지 정도는 어쩌면 할 수 있겠다고 생각해서 이 일을 시작했다. 그리고 하늘에서 내려왔다고밖에 설명할 수 없는 행운과 부족한 저자를 믿어주고, 아낌없이 지원해준 많은 분들 덕분에 베스트셀러 작가가 되었다. 여기저기 방송에도 나가고 유명해지자, 여러 가지 기회도 많이 생겼다.

현재 내가 내 삶에 만족하고 있는 이유는, 앞으로 어디가 전망이 좋을 거라든가, 어디를 나오면 대우가 좋다든가 하는 이유로 진로를 결정하지 않았기 때문이다. 또한 그보다는 내가 잘하는 것과 못하는 것을 냉정하게 분석해보고, 내가 좋아하는 것과 싫어하는 것을 면밀히 따져본 후에 내 진로를 그것에 맞게 결정했기 때문이다.

사람의 미래란 알 수 없는 것이기는 하지만, 가끔 나는 '만약에~'라는 상상을 해본다. 만약에 내가 만화 그리는 것을 좋아한다고 해서 만화가가 되기로 결정했다거나, 서울대라는 명패가 좋다고 해서 공과대학의 공부를 계속했더라면 아마 지금처럼 만족하면서 살고 있을까? 아무리 생각해도 그런 결론에는 이르지 않는다. 그쪽의 분야에 대해서는 나에게 능력이 없거나 흥미가 부족하기 때문이다. 결국 나는 진로를 선택할 때 '그 진로'가 아닌, '나'를 기준으로 삼았었고 지금 생각해도 이 원칙대로 인생의 중요한 결정을 내렸던 것은 정말로 잘한 일이었다.

# "진로와 입시 준비는 어떻게 해야 하나요?"

고등학교 1, 2학년부터 내가 원하는 학과를 정해놓고 그에 맞는 전략을 짜지 않으면 이토록 방대한 입시전형 속에서 길을 잃을 위험이 매우 크다. 진로와 입시에 대한 구체적인 팁을 몇 가지 살펴보자.

## 1. 방학 때는 교과 공부와 더불어 반드시 진로 공부를 해두자

자신이 어떤 분야의 진로로 나가는 것이 적합할지 잘 모르겠다면, 평소에 여러 가지 적성검사를 받으면서 자신의 성향을 파악하는 작업이 반드시 필요하다. 특히 방학을 이용해 MBTI 검사나 MI 검사, 홀랜드

검사 등 다양한 진로적성 검사 프로그램을 직접 받아볼 것을 권한다. 또한 평소 관심 있던 분야에 대한 폭넓은 독서와, 그 직업에서 일하고 있는 사람들과의 면담을 게을리하지 않는 것이 후회 없는 진로선택의 첫걸음이다. 중·고등학생들은 보통 수능을 치르기 전까지 학교에 갇혀 있기 때문에 특정 직업에 대해 환상을 가지고 있는 경우가 많다. 따라서 이렇게 발로 뛰지 않으면 자신의 진로에 대한 정확한 모습을 알기 어렵다.

### 2. 스펙은 진로에 맞게 쌓아놓자

진로가 결정되었다면, 그 진로에 맞는 '스펙'을 쌓아야 한다. 교내외 입상경력이나 경시대회, 자격증이나 봉사활동, 캠프나 체험활동 등의 스펙들 역시 내가 진학하려는 학과에 맞추어서 관리해야 한다. 비슷한 활동들을 한 경쟁자들 속에서 조금이라도 더 좋은 인상을 주기 위한 조건을 생각해본다면, 같은 활동이라도 그 학과에 적합한 활동을 한 사람이 유리할 수밖에 없다.

### 3. 자기소개서는 고1 때 미리 써두자

일찍 준비하는 사람이 입시에서 좋은 결과를 받는다. 그건 변하지 않

는 사실이다. 매년 발표되는 수시전형 결과를 보면 일찍부터 자신의 진로를 정해두고 그에 맞게 준비한 사람들이 좋은 결과를 얻었다는 것을 쉽게 알 수 있다. 따라서 진로를 결정하는 것은 최소한 중학교 졸업할 때까지 마무리 짓고, 고등학교 때는 이렇게 정해진 진로에 적합하게 스펙관리를 하는 것이 가장 좋은 코스라고 볼 수 있다.

내가 권하는 방법은 저학년 때 자기소개를 미리 써보는 것이다. 보통 학생들은 원서 쓸 때가 다 되어서야 자기소개서를 쓰기 시작하고, 쓸 내용이 없어 골머리를 앓는다. 그러나 자기소개서는 고등학교 1학년 정도에 미리 써 두어야 한다. 물론 이 자기소개서에 쓰인 내용은 아직은 현실이 되지 않은 일들이 많을 것이다. 그러나 이렇게 자기소개서를 한번 써보게 되면 내가 앞으로 어떤 활동을 해야 자기소개서가 매력 있고 충실하게 채워질는지 감이 잡힌다. 이렇게 입시를 준비하는 사람의 결과란 남들과 다를 수밖에 없다.

## 4. 자신에게 유리한 전형을 너무 믿지 말자

보통 내신 등이 유리한 경우는 수시를 생각하고, 내신보다는 수능 모의고사 성적이 잘 나오는 경우는 정시를 생각한다. 그러나 자신에게 유리한 전형을 준비하는 것은 좋으나, 그 전형에서 반드시 합격할 것이라고 믿는 것은 매우 위험하다. 예컨대 특정 부분이 뛰어나서 특기자전형을 준비한다고 하더라도, 그 특기자전형에 원서를 내는 사람들은 모두다 그 부분에 대한 스펙이 뛰어나다는 당연한 사실을 잊으면 안 된다. 같은 조건에서 경쟁하는 것이므로 특별히 자신이 유리한 것이 절대 아닌 것이다. 특별한 사람들 중에서 더 특별해야 합격하는 것이 수시다. 따라서 나에게 유리한 전형을 찾고 그에 맞는 준비를 하는 것은 좋지만, 그 가능성에 대해서 지나치게 낙관하여 다른 준비를 소홀히 하는 것은 매우 위험한 행동이다.

### 5. 고2 끝날 때까지는 모의고사보다는 내신에 몰두하자

고1, 2학년 때는 당연히 내신에 올인해야 한다. 그럼에도 불구하고 많은 학생들이 수능 모의고사 성적이 내신보다 낮게 나오는 것에 필요 이상으로 불안해한다. 그래서 아직 고3이 아님에도 불구하고 수능 스타일의 공부에 매달리는 경우가 많다.

모의고사 성적이 내신보다 낮게 나오는 것은 대부분의 학생들에게 당연한 일이다. 학교 공부라는 것이 내신 스타일의 문제에 대비하는 공부이므로, 수능 스타일의 문제를 상대적으로 적게 공부하는 현실에서는 당연히 모의고사 성적이 낮을 수밖에 없다. 그러나 어차피 고3이 되면 학교수업 자체가 수능 스타일의 교재를 가지고 수능을 준비하는 방식으로 이뤄지게 된다. 수능 문제 적응은 고3인 1년 동안 지겹게 하게

된다. 그러니 낮은 모의고사 성적에 겁먹지 말고 눈앞에 있는 내신에 몰두하는 것이 입시를 효율적으로 대비하는 자세다.

### 6. 수시 원서를 쓰고 난 이후의 마음가짐에 특히 유의하자

고3 학생들은 여름이 지나고 나면 수시전형의 원서를 쓰게 된다. 이 책을 읽는 독자들도 꽤 많은 수의 학교에 원서를 접수시키게 될 것이다. 문제는 원서를 쓴 후의 마음가짐이다. 이렇게 많은 곳에 원서를 내고 나면 이상하게도, '이 중에 하나 정도는…….'이라는 마음이 든다. 그러고는 자신도 모르게 해이해져서 중요한 시험을 앞두고 이미 합격이라도 한 것처럼 마음이 풀어져버린다. 이것은 정시까지도 놓칠 수 있는 매우 위험한 일이다. 그러니 수시 원서를 쓰고 나서는 '떨어졌다!'라고 생각하고 수능준비를 해야 한다. 그것이 수시와 정시 둘 다 놓친 후 재수의 길로 접어드는 사태를 막는 방법이다.

Q36

# "돈을 많이 버는 직업은 뭔가요?"

재수를 하던 시절 나는 종합학원을 다녔었다. 어느 날 수학 선생님께서 열심히 수업을 하시다 갑자기 설명을 멈추셨다. 그러고는 자신의 손을 물끄러미 바라보셨다. '뭐야? 손에 뭐가 묻으셨나?' 다들 의아한 표정으로 선생님을 바라보았다. 몇 초 동안이나 아무 말 없이 자신의 손을 내려다보던 그 선생님이 혼잣말처럼 내뱉었다.

"쩝. 결국, 내 손에 남은 건 이 분필밖에 없네……."

'어라? 갑자기 집이 망하기라도 했나?' 아이들은 이러저러한 말을 속닥거리며 의아해했고, 선생님은 계속 수업이나 하자며 칠판을 향해 다시 뒤돌아섰다. 나는 충격을 받았다. 도저히 수업에 집중할 수 없었다.

그 선생님이 내뱉은 말이 어떤 마음에서 나온 것인지 짐작이 갔기 때문이었다.

그 선생님은 집이 망하기는커녕 엄청난 부자였다. 수십 년 동안 학원가에서 일하면서 명강사로 이름을 날렸었고 덕분에 엄청난 돈을 끌어모으셨다. 그 말을 내뱉으신 그 순간에도 그 학원의 공동원장에 이름이 올라 있었고, 시내에 자기 소유의 빌딩도 가지고 있다고 들었다. 그 빌딩 하나에서만도 평생 호화롭게 먹고살 만큼의 돈이 매달 나온다고 한다. 나는 의아했다.

'돈이 그렇게 많은데도, 왜 매일 아침 일찍 나와서 우울한 재수생들과 함께 분필가루를 마시면서 살까?' 분필을 잡은 자신의 손을 물끄러미 바라보던 그 선생님의 모습은 몇 년 동안 아니, 지금까지도 내 마음속에서 사라지지 않고 있다. 수십 년 뒤에 나는 손에 무엇을 쥐고 있을까? 그때 내가 손에 쥐고 있는 것은, 내가 원하는 것일까? 나는 인생에서 선택의 기로에 설 때마다 그 선생님을 떠올렸다.

나는 학생들에게 "앞으로 뭘 하면서 살고 싶니?"라고 물어보는 것을 좋아한다. 다양한 대답이 나온다. 의사, 판사, 선생님, 대기업의 CEO, 나만의 회사 창업 등등. 그러면 나는 다시 물어본다. "왜 그게 하고 싶어?" 그런데 이 질문에 대한 대답은 그리 다양하지 않다. 대부분 "안정적으로 돈을 잘 벌잖아요."이다.

내가 학생들과 진로 상담을 할 때 종종 쓰는 방법이 있다. 종이를 꺼내서 만약 자신에게 1,000억이라는 돈이 있다면 어떻게 쓸지를 적는 것이다. 넓은 집과 별장, 비싼 차들과 요트, 해외여행 등이 나온다. 그리고 이따금 기부나 사회복지에 기여하는 것들이 나올 때도 있다. 그러면 나는 다시 묻는다.

"그것들을 모두 가지게 되었고, 원하던 것을 모두 이뤘다고 가정하자. 그런데 그럼에도 불구하고 하루에 8시간 이상씩 뭔가 일을 해야 한다면 어떤 일을 하고 싶어?"

그제야 학생들은 자신의 손바닥에 얼굴을 파묻고 진지하게 고민한다. 어떤 학생들은 돈이 많이 있는데 왜 일을 하겠냐며, 자신은 돈이 있으면 그냥 평생 놀고먹을 거라고 얘기한다. 하지만 우리 주위의 부자들을 보라. 돈이 있다고 해서 일을 손에서 놓는 사람은 거의 없다.

아이폰, 아이팟을 만들어 천문학적인 돈을 끌어모았던 '애플'의 스티브 잡스는 아침 7시부터 새벽 3시까지 일하기로 유명했으며, 췌장암 진단을 받고도 죽기 직전까지 제품 개발에 몰두했다. 세계 최고의 투자가이자 갑부로 불리는 워렌 버핏은 지금 남태평양의 해변이 아닌, 손익계산서와 재무제표가 넘쳐나고 있는 사무실에서 돋보기안경을 닦고 있을 것이다. 언젠가 천문학적인 돈을 가지고 있는 한 부자가 이런 말을 했다.

"나는 부자가 되기 위해, 하루에 4시간만 잠을 잤습니다. 그런데 부자가 되고 나니 그 4시간의 잠마저 사라졌습니다."

사람들은 부자가 되어서도 일을 계속한다. 그렇지 않으면 그냥 살아있는 동물에 불과하기 때문이다. 얼마 전 신문을 보다가 자신의 회사를 수천 억 원에 팔았던 사람이 다시 회사를 새로 만들었다는 기사를 읽었다. 당연한 일이다. 돈이 많이 있어도 그다지 재미있는 것도 별로 없다. 사람은 일을 하면서 오는 보람을 먹고사는 동물이다. 보람을 가지고 할 일이 없으면 수천 억이 있어도 소용이 없는 것이다.

나도 비슷한 경험을 했다. 예전에는 팔굽혀펴기도 할 수 없을 만큼 좁은 고시원에서 살았다. 하지만 나는 윗몸일으키기는 할 수 있다는 사실에 행복했었다. 그러다 지금은 PT체조도 할 수 있는 월셋방으로 옮겼지만 그것 때문에 그때보다 더 행복한 것은 아니다.

얼마 전 큰맘 먹고 빨갛고 조그만 노트북을 하나 장만했다. 하지만 그것이 나를 행복하게 만들지는 않았다. 이제는 부팅속도도 20초밖에 걸리지 않지만, 그것이 예전의 경운기 소리를 내며 윈도우를 시작하는 데만도 5분 넘게 걸리던 싸구려 노트북보다 나를 행복하게 만들지는 않는다.

행복은 다른 곳에서 왔다. 그것은 내가 하고 있는 일이다. 키보드를 두드리며 글을 쓰는 것은 그때나 지금이나 즐거운 일이다. 내가 경험한 것을 글로 풀어 다른 사람과 나누는 것은 언제나 행복한 일이다. 더 많은 사람이 나를 알아주어야 더 행복해지는 것도 아니었다. 과외 하던 아이들에게 "야, 이거 내가 정리한 공부법인데 읽어보고 이대로 공부해봐라."라고 한 뒤, 얼마 뒤 그 아이들이 찾아와서 고맙다고 말했을 때나, 지금처럼 전국에서 엄청난 숫자의 학생들이 "고맙습니다. 책을 읽고 정말 성적이 많이 올랐어요."라고 할 때나 똑같은 크기의 행복감을 느낀다. 더 많은 사람들로부터 인정받는다고 더 많은 행복감이 찾아오는 것은 아닌 것이다. 나는 요즘 행복이란 돈이 아닌, 일과 보람에서 온다는 말이 정말 사실이라는 것을 느끼고 있다.

물론 살아가는 데 돈은 중요하다. 그러나 돈을 목표로 하면 돈을 잡을 수 없다. 그보다 자기가 좋아하는 일을 찾아가면 돈은 저절로 따라온다. 나는 글을 쓰는 것이 좋아서 이 일을 시작했었고, 내가 가지고 있는 것들로 사람들을 돕는 것이 좋아서 이 일을 했다. 내가 만약 돈을 많이 벌기 위해서 내가 하기 싫어하는 일을 억지로 했다면 지금쯤 나는 아마 끔찍한 상황에 처해 있었을 것이다.

예전에는 특정 직업을 가지면 돈을 많이 벌었다. 하지만 지금의 학생들이 사회로 나올 무렵에는 그런 시절은 이미 끝나 있을 것이다. 변호사가 되어 돈을 많이 벌고 싶다면 법원 앞에 가보길 바란다. 엄청나게 많은 변호사 사무실들 앞에 서서, 앞으로 매년 2,000명씩 추가로 변호사가 쏟아진다고 생각해보라. 여러분이 살게 될 앞으로의 사회가 어떤 세상인지 아마 조금이나마 감이 올 것이다.

내가 아는 법대 선배들 중에도 자기 사무실 여직원 월급도 제대로 주지 못하는 변호사가 많이 있다. 반면 학벌도 없고 인맥도 부족하지만,

고객에 대한 친절과 자기 일에 대한 열정으로 그들보다 훨씬 인정받는 사람들도 많이 있다. 나는 학생들이 돈을 많이 버는 직업이 무엇인지 묻지 말고, 자기가 보람을 가지고 평생 할 수 있는 일이 무엇인지 스스로에게 물었으면 좋겠다. 그 물음에 대한 대답으로 내리는 결정이라면, 아마 당신은 평생 그 선택을 후회하지 않을 거라고 나는 확신한다.

틈나는 대로 다양한 직업의 사람들이 쓴 책을 읽어보라. 그들이 자신의 삶에 대해서 쓴 에세이를 항상 가방 속에 넣고 다녀라. 그러다보면 언젠가, 당신의 가슴을 뛰게 만드는 진로를 발견하게 될 것이고, 그렇게 선택한 진로는 절대로 당신을 실망시키지 않을 것이다.

# "전 **요리**할 건데 꼭 **대학**을 나와야 하나요?"

몇 년 전, 한 어머님께서 나를 찾아오셨다.

"우리 아이와 오랫동안 진로 문제에 대해 얘기를 해보았습니다. 그랬더니 자기는 공부와는 아무래도 맞지 않으며, 대신 꼭 하고 싶은 것이 있는데 그건 요리라고 합니다. 이 아이의 선택, 존중해줘야 할까요?"

나는 학생을 직접 보지 않고서는 판단할 수 없다고 말했다. 그리고 그 어머니와 함께 학생이 있는 집으로 찾아갔다.

현관문을 열자 거실 컴퓨터 책상에 앉아 있는 학생이 보였다. 그 학생은 아마도 중요한 '보스 몬스터'를 사냥 중인 듯했다. 집에 손님이 찾아 왔지만, 때마침 중요한(?) 작업 중이라 그런지 자리에서 일어나지를 못 했다. 그 학생의 태도와 행동을 보자 나는 대번에 이 학생이 어떤 마음으로 진로를 결정했는지 감이 왔다. 요리가 꿈이라는 사람의 방에, 요리와 관련된 잡지나 책이 단 한 권도 없다는 사실도 내 짐작을 뒷받침했다. 그 방에 있는 거라곤 게임 잡지들뿐이었다. 그 학생은 요리에 대한 열정 때문에 그쪽으로 진로를 잡은 것이 아니라, 단지 공부가 어렵고 하기 싫어서 그랬을 것이다.

나는 이 직업을 가지라, 저 직업을 가지라는 식의 조언을 하려는 것이 아니다. 인생의 진로 문제엔 옳은 것도 없고, 그른 것도 없다. 그것은 오직 자신이 알아서 선택하고, 책임도 자신이 져야 할 문제다. 다만 내가 이야기하고 싶은 것은, 먼저 살아본 사람으로서 그 앞길에 무엇이 있는 지에 대한 것들이다.

사람마다 인생에서 원하는 것이 모두 다르므로 어떤 직업이 좋은 직업이냐는 질문에는 대답하기 어렵다. 하지만 사람들이 원하는 것에 어느 정도의 공통점은 있다. 많은 사람들이 장사를 하는 것은 '돈'을 벌기 위해서다. 그러나 예컨대 '짝퉁가방을 팔아 수십 억을 버는 삶'을 가정해보면, 어떤 이는 자신의 직업에 만족하겠지만 또 어떤 이는 마음속에 여전히 허전함이 남을 수 있다. 즉, 수입보다는 그 직업 자체가 가져다주는 '주위의 존경'에 행복감이 좌우되는 사람이라면, 수입이 적더라도 그에 맞는 직업을 선택해야 할 것이다.

개중에는 어떤 일을 자기가 결정할 수 있는 '권한'이나 사회를 이끌어갈 수 있는 '영향력'을 중요시하는 사람들도 있다. 이런 것을 얻을 수 있는 직업에는 고위직 공무원이나 정치인이 해당될 것이다. 그런가 하면 누군가에겐 '사명감'이 중요할 수도 있다. 지금도 많은 검찰, 경찰 직원들이 박봉에도 불구하고 밤늦게까지 일하는 이유는 피해자의 억울함을 풀어주고 사회의 정의를 바로 세우고 싶다는 사명감 때문이다.

그런데 어떤 특정 직업을 원하는 사람이 많으면 그 직업에는 '진입장벽'이 세워진다. 예를 들어 변호사가 돈을 많이 벌고 존경을 얻는다고 해서 누구나 변호사를 할 수는 없다. 설령 법대를 나왔다고 하더라도, 변호사가 아니면서 대가를 받고 법률적인 조언을 하면 그런 행동은 법에 의해 처벌을 받는다. 또 아무리 의술이 뛰어나도 의료면허 없이 사람을 치료하면 역시 처벌을 받는다.

그 직업을 통해서 얻을 수 있는 열매가 클수록 진입장벽은 더 높게 세워진다. 정년까지 고용이 보장되고, 교육자라는 존경까지 얻을 수 있는 공립학교 교사는 누구라도 될 수 있을까? 사범대학과 임용고시라는 두 단계의 힘든 관문을 뚫어야만 한다. 돈을 많이 번다는 성형외과 의사가 되기 위해서는 어떨까? 의대 입학시험과 의사고시, 레지던트 과정 속의 경쟁이라는 3단계의 힘든 관문을 모두 통과해야만 한다.

그렇다고 그런 진입장벽이 꼭 나쁜 것만은 아니다. 물론 그 장벽을 통과하기는 힘들겠지만, 일단 통과하면 그 진입장벽이 다른 사람들로부터 당신의 직업을 오히려 보호하는 역할을 해준다. 즉 진입장벽이 높은 직업을 가지고 나면 그 뒤엔 별다른 위험이 없다.

반면 진입장벽이 낮거나 아예 없는 직업도 많이 있다. 쇼핑몰은 어느 정도의 돈만 있으면 누구라도 쉽게 창업할 수 있다. 그런데 누구라도 쉽게 창업할 수 있다는 말은, 엄청난 경쟁이 이뤄진다는 말이기도 하다. 누구나 많은 돈을 벌겠다는 희망으로 음식점을 차리지만, 지금도 100명 중에 95명은 1년도 지나지 못해서 투자한 돈을 모두 잃고 문을 닫는다.

진입장벽이 높은 직업을 가지기 위한 유일한 방법이 공부다. 공부를 성공적으로 마친 사람은, 남들이 쉽게 들어오지 못하도록 벽으로 둘러싸인 성으로 들어가게 되고, 나머지 인생을 그 성의 주인으로 산다. 문제는 이렇게 높다란 진입장벽으로 둘러싸인 성이 아닌, 사방이 열린 들판에서 자기의 가능성을 시험하겠다는 목표를 세운 학생들이다.

아마 자기 길을 요리 쪽으로 정했으니, 이제 공부는 안 해도 된다는 안도감이 그 학생에게는 있었을 것이다. 물론 진입장벽이 없거나 낮은 곳으로 자신의 진로를 결정하는 것은 좋다. 그러나 그 이유가 단지 '공부가 힘들어서'라면 그 학생은 어떤 길을 걷든 성공하기 힘들다. 왜냐하면 진입장벽이 없는 곳에서 성공하기란, 공부하는 것과는 비교하기도 힘들 만큼 어렵기 때문이다. 그곳에서 성공하기 위해서는 어떤 힘든 어려움도 이겨내겠다는 각오부터가 필요한데, 그 학생에게서 그런 각

오는 찾아볼 수 없었다.

예체능 계열의 학과라 하더라도, 웬만한 좋은 학교는 모두들 수능이나 내신을 반영한다. 그런데 이상하지 않은가? 피아노학과라면 피아노 잘 치는 학생을 뽑아야지, 왜 수능이나 내신을 반영하는 것일까? 그건 공부가 싫어서 도망쳐온 학생들을 걸러내기 위해서다. 공부가 힘들어서 피아노로 도망쳐온 학생들은, 피아노도 힘들어지면 또 다른 곳으로 도망치기 마련이다. 반면에 공부에 최선을 다했던 사람은, 성실함과 도전정신이 몸에 배어 있고, 그 자세 그대로 피아노를 전공하든 회사를 창업하든, 맡은 일에 최선을 다한다.

대학이 원하는 사람은 그런 학생이고, 사회가 원하는 사람도 그런 사람이다. 요리사가 될 거니까 대학은 안 가도 되고, 이제 공부도 안 해도 되는 것 아니겠냐고? 그렇다, 아니다, 한마디로 내가 대답할 수 있는 질문이 아니다. 자신이 왜 그런 결정을 하려고 하는지 스스로에게 물어봐야 한다. 대부분의 경우, 해답은 스스로가 이미 잘 알고 있다.

# "이 길이 정말 **내가 가야 할 길**이 맞을까요?"

교실에 갇혀 있을 때 나는 세상이 어떻게 돌아가는지 잘 몰랐다. 열심히 공부하는 것은 좋은 직업을 가지기 위해서고, 좋은 직업이란 돈을 많이 버는 직업이라고 생각했다. 돈을 많이 벌어야 행복하게 살 수 있고, 내가 돈이 있어야 남도 도울 수 있는 것 아닌가? 나는 그렇게 생각했다.

그 생각은 심지어 내가 대학교에 원서를 쓸 때까지도 남아 있었고, 내가 서울대학교 해양공학과에 원서를 넣은 것도 그런 이유였다. 전기공학과나 컴퓨터공학과는 이미 포화상태다. 그런 학과가 없는 대학교가 없다. 반면 우리나라 조선 산업은 세계 1위고, 그와 관련된 학과가 있는 곳은 서울대학교, 다른 곳은 목포대학교나 울산대학교 정도다. 즉 이 분야로 대학교에 진학하고 나면 경쟁이 거의 없다. 고시에 합격할 필요도 없고, 죽어라고 학점 관리할 필요도 없다. 졸업만 하면 안정적인 취업이 보장되고, 경쟁도 스트레스도 없는 미래가 펼쳐진다. 그렇게 생각하고 원서를 썼고 다행히 합격했다.

대학교에 들어오고 나서 뭔가 속았다는 느낌이 들었다. 그리고 내 삶에 대해 좀 더 진지하게 생각해보게 되었다. '만약 돈을 많이 번다면, 사회적으로 좋은 지위에 오른다면 그때도 내가 하고 있을 일이 나를 행복하게 할까? 정말로 나는 배의 설계도를 연구하며 지내는 삶이 좋아서 여기에 온 것인가? 정말로 나는 유체공학과 선박안전공학을 공부하고 싶어서 여기 있는 걸까?'

주변에서는 "너 미쳤어? 일이 좋아서 하는 사람이 어디 있냐? 다들 먹고살려고 하는 거지. 배부른 소리 하고 있네! 세상이 그렇게 네 생각처럼 낭만적이고 쉬운 줄 알아?"라고 조언하는 사람이 많았고, 나 역시 '내가 세상을 잘 몰라서 이런 철없는 생각을 하는 건가?'라는 마음이 들 때도 많았다. 인생이 걸린 중요한 문제인 만큼 결정을 내리는 데만도 오랜 기간이 걸렸다.

몇 년 뒤에야 비로소 결심이 섰다. 나는 서울대학교 학과사무실에 찾아가서 자퇴 원서를 냈다. 그리고 학과사무실을 나와 정문으로 걸어 내려오는데 신기하게도 웃음이 계속 나왔다. 너무 기분이 좋아 멈출 수가

없었다. 드디어 해방된 느낌이었다. 서울대학교 학생이라는 보호막이 벗겨졌음에도 불구하고 내가 그때 행복감을 느꼈던 이유는, 내가 걷고 싶은 길을 비로소 찾았기 때문이었다. 나는 지금도 그때의 결정을 후회하지 않는다. 실수투성이의 내 인생에서 몇 안 되는 올바른 선택이었고, 그 선택 때문에 나는 지금도 행복하다.

남들이 모두 부러워하는 서울대학교에 들어갔지만 진로 문제 때문에 몇 년 동안이나 방황을 했던 경험 때문에 나는 같은 고민을 안고 있는 학생들을 볼 때마다 마음을 다해서 도와주고 싶어진다. 제일 먼저 해주고 싶은 말은, 진로를 선택하는 것은 당장의 점수 몇 점에 비할 수 없을 만큼 중요하다는 것이다. 그러니 점수가 몇 점 떨어졌어도 자신의 길을 찾았다면 그 학생은 결코 손해 본 것이 아니다. 자신의 길을 찾는데 도움이 될 만한 방법들을 몇 가지 소개한다.

## 1. 대학 탐방을 가면 멘토를 찾아라

나는 대학 도서관에서 공부를 하다가, 몸이 찌뿌듯할 때면 이따금씩 산책을 하곤 한다. 주말 교정을 산책하다보면 교복을 입은 아이들이 종종 눈에 띈다. 즐거워하면서 본관 앞에서 핸드폰으로 서로를 찍어주는 모습을 보면, 나도 옛날 생각이 나면서 기분이 좋아진다. 아마 그들은 집으로 돌아가면 사진 속에 담긴 자신의 모습을 보면서 몇 년 뒤에는 반드시 이 학교의 학생이 되리라 다짐할 것이다. 그런데 본인들은 즐겁고 희망에 부풀어 있겠지만, 나는 그런 행동을 말리고 싶다. 의도와는 다른 결과를 가져올 확률이 커지기 때문이다.

사람은 누구나 뭔가 부족함을 느끼기 때문에 공부를 열심히 하게 된다. 내 실력이 부족하다고 느끼기에 또 다른 문제집을 푸는 것이고, 이대로 가면 원하는 학교에 가지 못할 것 같다고 느끼기에 이미 다 본 책을 한 번 더 반복하는 것이다. 부족함을 느끼는 것은 우리가 목표를 이루기 위해서 반드시 필요한 원동력이다.

그러나 자신이 원하는 대학교를 배경으로 찍은 사진을 쳐다보고 있으면 마치 이미 그 학교 학생이 된 듯한 착각에 빠지게 된다. 물론 희망에 부풀고 기분은 좋아진다. 하지만 그뿐이다. 이상하게 공부에 대한 추진력은 더 약해진다. 왜냐하면 이미 그 학교 학생이 된 듯한 착각은 자신의 부족함이나 절박함을 오히려 옅어지게 만들기 때문이다.

별 볼 것도 없는 콘크리트 덩어리를 배경으로 사진 찍는 것보다 훨씬 좋은 것이 있다. 그것은 멘토를 찾는 것이다. 방법은 간단하다. 어느 대학을 가든, 사람들에게 물어서 중앙도서관을 찾아라. 그 앞에 가보면 공부에 지쳐서 벤치에 앉아 있는 사람들을 흔히 볼 수 있다. 말을 걸어도 될까, 나를 이상하게 생각하지는 않을까 불안해할 필요 없다. 하루 종일 입을 다물고 사는 사람들이라 당신이 말을 걸어주면 '이게 웬 행운이지?'라는 표정으로 바라볼 것이다.

옷을 잘 입은 사람은 안 된다. 공부보다 소개팅에 더 관심 있는 학생들이다. 나이는 많아 보일수록 좋다. 어려 보이는 학생은 그 학교 학생이기만 할 뿐 여러분이 물어봐도 아는 것이 없다. 후줄근하게 입고 있는 아저씨나 운동복을 입고 있는 언니는 최고의 대상이다. 저 나이 먹고도 아직도 대학교 다니나 하는 생각에 거부감이 들겠지만, 사실 그들은 대기업이나 정부에서 고위직 공무원으로 일하다가, 자신이 원하는 공부를 더 하기 위해 휴직하고 학교로 돌아온 대학원생들이다. 사회에 대해 아는 것이 정말 많다. 아마 어떤 책에서도 얻을 수 없는 생생한 조언을 당신에게 아낌없이 해줄 것이다.

옷이 깔끔하기는 하지만 왠지 시대에 한참 뒤떨어지는 패션의 고지식해 보이는 사람들도 눈에 띌 것이다. 이들은 대학교를 마치고 석·박사과정으로 올라온 학생들이다. 가끔 자기 아빠 옷 같은 정장을 입고 학교에 나오기도 한다. 학회나 세미나 때문에 그런 거다. 이들 역시 좋은 대상이다.

이들을 붙잡고 자기소개를 한 뒤 잠시만 시간을 내줄 수 없겠냐고 물어봐라. 100퍼센트 승낙한다. 얼마 전 내가 버스정류장에 서 있을 때도 그런 학생이 있었다. "저기요."라고 말하며 쭈뼛쭈뼛 다가온 그 학생의 용기에 나는 근처 음식점으로 가서 오징어·삼겹살 볶음으로 보답해주었다.

작은 용기가 인생의 전환점을 만들 수도 있다. 말을 걸어서 당신이 원하고 있는 진로에 대해서 물어보라. TV에 나오는 왜곡된 직업의 모습이 아닌, 생생한 조언을 들을 수 있다. 당신이 대학 탐방을 할 때 준비해야 할 것은 스마트폰 카메라가 아니라, 그 사람이 말해주는 것들을 받아 적을 수첩과 볼펜이다. 이렇게 멘토를 찾아 대화하는 것이, 그 학교에 다니는 학생들도 모르는 이상한 동상을 배경으로 사진을 찍는 것보다 훨씬 여러분의 꿈을 가깝게 만들어준다.

### 2. 대학을 기준으로 하지 말고, 학과를 기준으로 선택하라

대부분의 학생들은 진로를 정할 때 이렇게 정한다. 첫째, 내 내신과 수능점수에 맞는 곳을 찾아본다. 둘째, 배치기준표를 펼쳐놓고 점수에 맞는 곳을 찾아보니 A대학의 안 좋은 학과와, 그보다 안 좋은 B대학의 좋은 과가 있다. 셋째, 그래도 대학이 중요하다는 사람들의 말을 따라 A대학의 원하지 않는 학과로 원서를 쓴다.

이렇게 선택하는 학생들을 보면 마치 나의 예전 모습 같아 마음이 아프다. 우리가 교실에 갇혀 있을 때는, 대학만 눈에 보인다. 그래서 좋은 성적을 받아 좋은 대학에 들어가면 성공이고, 그렇지 않으면 실패한 것처럼 느끼는 학생들이 대부분이다. 대학에 원서를 쓸 때도 보면, 좋은 학교의 낮은 학과와, 낮은 학교의 좋은 학과 중에서 선택해야 할 때 대부분의 학생들이 전자를 선택한다.

"내가 원하는 학과는 아니지만, 나중에 전과하거나 복수전공이라도 하면 되잖아?"

이렇게 생각하는 것이다. 그러나 현실을 보면 99.9퍼센트의 학생들은 입학할 때의 그 학과로 그대로 굳어진다. 전과나 복수전공은 생각보다 엄청난 노력을 대가로 요구하기 때문이다. 그러니 자신이 대학에 진학해서도 소개팅 따위는 무조건 마다하고, 지금보다 더 열심히 공부해서 전과를 할 수 있다는 믿음에 인생을 거는 것은 현명한 선택이 아니다.

후회하지 않을 선택을 하려면 분명한 기준을 가지고 진로를 정해야 한다. 그 순서는 다음과 같다.

첫째, 내가 하고 싶은 일과 잘할 수 있는 일이 무엇인지 생각해본다. 둘째, 그 일을 하기 위해 필요한 전문성은 어느 학과에서 쌓을 수 있는지 알아본다. 마지막으로, 지금의 내 점수를 봤을 때 그러한 학과를 가려면 어느 대학에 원서를 써야 하는지 살펴본다. 즉 내가 종사할 분야를 선택하는 것이 먼저고, 대학은 제일 나중에 고려하는 대상이다.

친구들에게 자존심으로 밀리지 않기 위해서 원하지도 않는 학과에 진학하고 난 뒤에 후회하는 학생들을 나는 너무나 많이 봐왔다. 반면에 학교는 한 단계 아래지만 자신이 원하는 학과를 기준으로 선택했을 때 훗날 날개를 달고 다른 누구보다 높이 날아오르는 학생들도 많이 봐왔다.

사실 당연한 일이다. 지금은 무한 경쟁시대다. 괜찮은 학교에 들어갔다고 무조건 성공하던 시절은 이미 예전에 끝났다. 열심히 하는 사람은, 원해서 하는 사람을 이길 수 없다. 하물며 입학점수만 조금 더 높은 학교에 다닐 뿐, 자신의 분야가 싫은데도 억지로 꾸역꾸역하는 사람은 오죽하겠는가? 비록 학교는 한 단계 아래지만 자신의 분야를 원해서 하는 사람에게 금세 추월당하게 된다.

### 3. 흥미와 적성이 다를 땐, 적성을 선택하라

이건 앞에서 말했던, 대학보다 학과를 선택하라는 조언과는 초점이 좀 다른 이야기다. 아까 이야기했던 '원하는 학과'를 가라고 했을 때 원한다는 의미는 흥미 있어 한다는 뜻이 아니다. 자신의 상황이나 성격, 인생에서 중요하다고 여기는 가치 등 모든 것을 검토해봤을 때, 내가 걸어가야겠다고 생각하는 학과를 말한다. 단순히 감정적으로 '당기는' 학과가 아닌 것이다.

그러면 좋아하는 것과 잘하는 것이 충돌할 때는 어떻게 선택을 해야 할까? 예를 들어 어떤 학생이 어려서부터 피아노를 꾸준히 배워와서 피아노를 잘 친다. 그런데 정작 하고 싶은 일은 별을 연구하는 천문학이다. 그런데 천문학을 좋아하기는 하지만 피아노처럼 잘하지는 못한다. 수학이나 과학 쪽은 젬병이기 때문이다. 이처럼, 흥미(좋아하는 것)와 적성(잘하는 것)이 충돌할 때 진로를 어떻게 잡아야 할까?

이런 경우 나는 '적성'을 선택하라고 조언한다. 이유는 다음과 같다.

첫째, 흥미는 언제든지 바뀔 수 있다. 천문학이 좋아서 천문학과에 진학했지만 이내 싫증이 나면 어떻게 할 것인가? 그러나 잘하는 것은 변하지 않는다. 어제까지 피아노를 잘 쳤다가 오늘 갑자기 못 치게 되는 경우는 없다.

둘째, 사람은 누구나 자신을 과대평가하는 경향이 있다. 그래서 '지금은 못하지만 열심히 하면 잘할 수 있지 않을까?' 하는 막연한 기대를 하는 경우가 있다. 그러나 그 기대가 이뤄질 가능성이 생각하는 것보다 훨씬 낮다는 것을 깨닫지 못하고 있을 수 있다. 물론 열심히 하면 이루지 못할 것이 없다. 하지만 몇 년 뒤 자신의 노력이 필요한 만큼에 이르지 못해 좌절하게 되고, 이 길로 들어선 것을 후회하게 될 가능성도 있다는 것도 계산에 넣어야 한다.

셋째, 그 삶에 대한 막연한 환상을 가지고 있을 수 있다. 천문학자로 사는 것이 실제로 어떤지도 모르면서, 그저 '그 사람들은 이렇게 살지 않을까?' 하는 생각만으로 진로를 선택하게 되면 나중에 황당한 상황에 부딪힐 수도 있다.

나는 공부에 관해서라면 아무리 어렵고 힘들어도 끈기와 의지로 극복할 수 있다고 말한다. 그렇게 믿고 있고 실제로도 그러하기 때문이다. 그러나 진로 문제에서는 그렇지 않다. 나는 이 책을 읽는 후배들을 진심으로 아끼는 마음으로 글을 쓰고 있고, 세상은 내가 생각한 것과 다른 부분이 많다는 것을 꼭 말해주고 싶다. 나는 당신이 좌절하고 후회하는 것을 보고 싶지 않다.

그렇다고 인생을 안전하게 사는 것이 최고라고 말하는 것은 아니다. 정확한 '계산'을 한 뒤에 진로를 정해야 한다는 말이다. 내 능력은 어디까지인지, 앞으로 발전한다면 어디까지 발전할 수 있을지, 과거와 현재를 토대로 미래의 예상치를 그려보아야 한다. 그뿐 아니라 그 삶이 실제로 어떠한지를 알아보고, 과정을 계획해야 한다. 이 모든 것이 끝나고 나면 비로소 노력을 시작해야 한다. 즉 진로 문제는 '얼마나 열심히'가 중요한 것이 아니라 '어떤 방향으로'가 중요한 것이고, 그것은 결국 자기 자신을 들여다봐야만 알 수 있는 것이다.

지금의 흥미가 앞으로도 변하지 않을 흥미라면, 지금은 실력이 모자라지만 해낼 수 있는 자신이 있다면 그 흥미는 머지않아 당신의 적성이 될 것이다. 그러면 그 길로 가는 것이 맞다. 반면에 계산을 해보니, 지금의 흥미는 왠지 머지않아 바뀔 것 같기도 하고, 필요한 노력의 양과 내 능력을 냉정하게 살펴보니 아무래도 과도한 목표였으며, 또한 그쪽 세계에 대해 자세히 한번 알아보니 내 생각과 많이 다르다고 느껴진다면 그건 당신의 길이 아닌 것이다. 이럴 때는 당신이 '잘하는 것'을 선택하는 것이 옳다.

부록

# 부모님께 드리는 글

# "어떻게 해야 아이를 바꿀 수 있을까요?"

## 라고 물으시는 부모님들께 드리는 글

저에게 좋은 영향을 끼쳐주셨던 제 어머니의 모습이나, 제가 관찰해 온 우등생의 부모님들은 하나같이 비슷한 모습들이셨는데, 그중 하나는 '대화에 유능하다.'는 점입니다. 유능한 대화란 '상대를 꼼짝 못하게 하는 현란한 말솜씨'와는 전혀 다른 것입니다. 한마디를 하더라도 원칙이 있다는 뜻입니다. 공부를 잘하는 아이들의 부모님들은 언제나 대화에 있어서 분명한 원칙들이 있었고, 자녀가 비록 공부를 못한다고 하더라도 부모가 올바른 대화법으로 자녀를 대할 때 자녀의 성적이 곧 향상되는 경우를 저는 수도 없이 봐왔습니다.

"숙제는 다했냐?"라는 말도 대화라고 한다면 그런 대화를 하는 데는 아무런 원칙이 필요 없을 겁니다. 그러나 자녀의 행동을 바꾸는 대화,

성적을 올리는 대화를 하기 위해서는 원칙이 필요합니다. 저는 여기서 그 부분에 관한 몇 가지 조언을 드리고자 합니다.

### 1. 신뢰가 없으면 대화도 없습니다

주위를 둘러보면 일부의 부모님들의 경우 자녀교육에 관해서 초점이 다른 곳에 맞춰져 있는 경우를 종종 봅니다. 빠듯한 집안 살림 때문에 자녀에게 충분한 교육의 기회를 제공해주지 못하는 것을 미안해하시는 경우가 대표적입니다.

실제로 여러 가지 연구결과를 보면 고소득 전문직이나 고위직 공무원 등, 소위 상류계층의 자녀가 다른 계층의 자녀보다 명문대 진학률이 높다는 보고가 있습니다. 그래서 많은 사람들이 고소득을 올리는 부모 밑에서 자라는 자녀들이 공부를 잘한다고 생각합니다. 사람들은 그러한 조사결과를 대할 때마다, 아마 좋은 과외선생님을 붙여주거나 유명한 학원, 혹은 다른 값비싼 사교육 시스템을 이용해서 그렇겠거니 생각합니다.

하지만 '경제력 높은 부모의 자녀들이 성적이 높다.'는 말이 '경제력이 성적을 결정한다.'는 말과 같은 말은 아닙니다. 왜냐하면 경제력이 높은 사람들이 공통적으로 가지고 있는 돈이 아닌 다른 무엇인가가 성적에 영향을 미치고 있을 수도 있기 때문입니다. 그게 무엇일까요? 그건 '공부를 하게 만드는 원동력'이 무엇인지 그분들이 알고 있다는 사실입니다.

전문직이라거나 고위직 공무원 등 소위 상위 계층 부모님들 중에는 대부분 자신도 예전에 공부를 잘했던 분들이 많습니다. 때문에 부모가 자신을 어떻게 대했을 때 공부를 더 잘하고 싶은 마음이 생겼는지 이미 알고 있습니다. 자신들이 공부를 잘하게 된 이유를 알고 있으니, 부모가 자신에게 했던 그대로 자녀를 대하는 것입니다. 그러면 그 자녀도 공부를 잘하게 되고, 이걸 표면적으로만 보면 경제력이 성적에 영향을 미치는 것 같은 착시현상이 일어나는 것입니다.

경제력은 성적에 영향을 주지 않습니다. 둘러보세요. 효율적인 학습법은 이미 모두에게 공개되어 있고, 단돈 몇 만 원으로 전국에서 최고로 유명한 강사에게 마음껏 배울 수 있는 세상입니다. 그러니 비싼 과외를 못 붙여준다고, 유명한 학원에 못 보내준다고 "능력 없는 부모 만나서 네가 웬 고생이냐."라며 자녀들에게 미안해할 필요가 전혀 없습니다.

대신 자녀들에게는 다른 것을 줘야 하는데, 바로 '신뢰'입니다. 신뢰가 전제되지 않으면 어떤 대화를 시도해도 결국에는 꾸중과 명령으로 끝나게 됩니다. "신뢰할 만해야 신뢰하지!"라고 말씀하시는 분들도 계십니다. 한 가지 예를 들어보겠습니다. 만약 재능이나 지능, 성실함이나 정직함 등등 성공을 하게 만드는 100가지 원인이 있다고 가정해봅

시다. 그런데 자기 자녀에게 그 100가지 원인이 존재할 확률이 각 경우마다 1퍼센트밖에 안 된다고 또 가정해봅시다. 즉 재능 없을 확률 99퍼센트, 성실하지 못할 확률이 99퍼센트……, 이런 식으로 말입니다. 과연 그 학생이 성공할 확률은 얼마나 될까요? 대다수 사람들은 1퍼센트도 안 될 거라고 생각합니다. 그러나 수학적으로 계산하면 성공할 확률은 64퍼센트에 이릅니다.

상담을 하다보면 많은 부모님들이 자녀가 가진 한 가지 부분의 99퍼센트 부족한 점에 집중하는 바람에 나머지를 놓치고 있다는 것을 많이 느낍니다. 1퍼센트의 가능성도 여러 개가 복합적으로 작용하면 전체 성공가능성이 64퍼센트에 이른다는 것을 잊고 계신 거지요. 그러나 정말 지혜로운 부모라면 그 1퍼센트의 가능성을 찾아서 칭찬하고 북돋워 줄 겁니다.

어떤 부모님은 자녀가 공부를 안 하고 놀고 있는 모습을 보시면 "네가 이러니까 공부를 못하지."라는 말을 무심결에 내뱉습니다. 그리고 성적이 떨어지면 "넌 왜 항상 그 모양이냐?"라는 식의 말을 무심결에 해버립니다. 말은 이상한 힘을 가지고 있습니다. 너는 어떠한 사람이라고 단정하는 말을 해버리면 실제로 그렇게 될 확률이 높아집니다. 단 한 마디의 말로 64퍼센트의 성공 확률을 가진 사슬을 끊어버릴 수도 있고, 1퍼센트의 확률을 100퍼센트로 만들 수도 있습니다.

"왜 이렇게 공부를 못하니?" 자꾸 이런 말을 듣다보면 자녀는, '그래,

역시 열심히 해도 나는 이것밖에 안되는 놈이야.'라고 생각해버립니다. 그러고는 혹시 자신이 가지고 있을지도 모를 1퍼센트의 가능성을 스스로 차단해버리게 됩니다. 반면에 공부를 잘하는 아이들을 상담하다보면 부모님이 자신에게 보내는 신뢰에 보답하고자 하는 욕구가 힘든 공부를 버텨내는 동기가 되고 있는 것을 많이 봅니다.

잘하는 학생을 믿어줄 사람은 부모 말고도 많습니다. 하지만 잘하지 못하는 학생을 믿어줄 사람은 부모님밖에 없습니다. 너도 잘할 수 있다고 말해주는 것으로는 부족합니다. 실제로 부모님께서 그렇게 믿으셔야 하고, 확신을 가지셔야 합니다. 그러면 그 확신이 대화 속에서 자연스럽게 아이들에게 전해지게 되고, 아이들은 그런 부모님의 신뢰에 보답하기 위해 공부를 하게 됩니다.

## 2. 판단하지 말고, 그냥 들어주세요

대학교에 입학할 때까지 저는 외할머니와 여동생과 함께 살았습니다. 어머니는 따로 도시에 나가 일을 하시면서 우리 가족의 생활비를 벌어다주셨습니다. 도시에서 생활할 형편이 안 되었던 우리 가족은 시골에서 살았는데, 어머니께서는 가끔씩 김밥 같은 것을 들고 우리가 살고 있는 시골로 찾아오시곤 하셨습니다.

몇 시간 동안의 짧은 만남을 끝낸 뒤, 어머니가 다시 버스를 타기 위

해 나설 때 배웅은 언제나 동생이 아닌 제가 했습니다. 시골이라 버스 정류장까지는 30분 정도 걸어 내려가야 했는데, 그 길을 걸어가는 동안 어머니와 이야기하기 위해서였습니다. 대화의 주제는 주로 공부와 학교 생활에 관해서였습니다.

아이들이 좀처럼 대화를 하려고 하지 않는다는 부모님들의 하소연을 저는 많이 듣습니다. 이유는 간단합니다. 그건 부모님이 제대로 들어주시지 않기 때문입니다. 저의 어머니가 시키지 않아도 제가 먼저 공부에 관해, 학교생활에 관해 술술 털어놓았던 이유는 단 하나. 저의 어머니는 제 이야기를 잘 들어주셨고, 내가 한 말에 대해 이렇다, 저렇다 판단하지 않으셨기 때문입니다.

예컨대 "오늘 독일어 숙제 검사를 했는데요. 저는 숙제 안 했는데 운 좋게 안 걸렸어요."라고 말하면 어머니께서는 웃으시면서 "그 선생님 눈이 안 좋으신가 보네."라고 대답하시는 식이었습니다. 만약 어머니가 "그게 좋아할 일이냐? 선생님이 검사하든 안 하든 숙제는 항상 제대로 해야지."라고 말씀하셨다면 저는 아마 '다시는 내가 학교 얘기 꺼내나 봐라.'라고 마음먹었을 겁니다. 왜냐하면 굳이 말씀하지 않아도 당연히 알고 있기 때문입니다.

저는 숙제를 안 하는 것이 나쁜 것인지 물은 것이 아니었습니다. 그저 내가 기분 좋으니 어머니도 같이 좋아해주시면 안 되냐고 보챈 것일 뿐입니다. 따라서 이런 경우에는 같이 공감해주셔야 합니다. '아, 내 말을 듣고 계시는구나. 같이 공감해주시는구나.'라고 자녀가 느끼기 시작하면 그때부터는 할 이야기, 못 할 이야기 다 나오게 됩니다.

'그래도 얘기해줄 건 분명히 얘기해야지! 그래야 제대로 공부하지!'라고 생각하시는 분이 있을지도 모르겠습니다. 하지만 대부분의 경우 정답은 자녀가 이미 알고 있습니다. 숙제를 안 하면 꾸중을 듣고, 공부를 안 하면 성적이 떨어지는 걸 너무나 잘 알고 있습니다. 이미 알고 있는 사실을 다시 이야기하면 반발만 불러옵니다.

어차피 사춘기가 지난 아이들의 귀에는 부모님의 이야기가 들어가지도 않습니다. "아! 그만 좀 해! 왜 엄마는 자꾸 한 얘기 또 하고 그래!"라며 짜증 내는 자녀의 모습을 보지 않을 수 있는 방법은, 다음 두 가지를 명심하는 것입니다.

첫째, 정답은 이 아이가 이미 알고 있다. 둘째, 내가 말해도 어차피 소용없다. 대화하실 때마다 이 두 가지 사실을 항상 의식하신다면 대화에 있어 정말로 중요한 것은 판단하거나 명령하는 것이 아닌, 공감해주기라는 사실로 쉽게 연결됩니다.

또한 자녀가 정답을 모르고 있는 것 같아도 쉽게 정답을 말씀해주시면 안 됩니다. 대신 자녀가 스스로 정답을 찾았다고 착각(?)하도록 약간의 힌트만 주는 화법이 필요합니다. 예컨대 저의 어머니의 경우 제가 계획이 잘 안 지켜진다고 칭얼대면 "네가 계획을 너무 무리하게 세우니까 그렇지."라고 말하신 적이 한 번도 없습니다. 누가 봐도 그것이 바

로 정답인데 말이죠. 대신 "너도 그러냐? 엄마도 이번 달에 살을 5킬로그램 빼려고 했는데 잘 안 지켜지네."라고 말씀하셨습니다. 저는 그런 어머니를 보면서 '아! 계획은 현실성이 있어야지, 안 그러면 소용없는 거구나.' 하고 깨달았습니다. 사실은 어머니가 에둘러 가르쳐주신 것인데도 저는 제가 생각해냈다고 느끼게 되고, 자연스레 공부란 것에도 흥미가 생기는 것입니다.

곧바로 정답을 말해주고 싶어 때로는 입이 간지럽고, 때로는 속에서 뭔가 울컥하시겠지만 참고 들어주세요. 그냥 듣지만 마시고, 정말로 궁금한 듯이 질문도 하고 맞장구도 쳐주세요. 옳다 그르다 판단하지 마시고, 그저 공감해주세요. 그저 별 쓸데없는 말을 지껄이는(?) 것처럼 보여도 그 쓸데없는 일에 공감해주세요. 자신이 기뻐하는 일에는 같이 기뻐해주고, 슬퍼하는 일에는 같이 슬퍼해주는 부모님의 한마디는 그 파워가 다를 수밖에 없습니다.

내 이야기를 잘 들어주고, 내 마음을 알아주는 부모가 "나는 네가 공부를 잘했으면 좋겠다."라고 말하면 그 아이는 부모님을 실망시키지 않기 위해서라도 자신이 할 수 있는 최선을 다하게 됩니다.

## 3. 꾸중을 할 땐, 객관적인 사실만 이야기하세요

물론 부모님 입장에서는 아들이 PC방에서 놀다가 밤늦게 들어오거나, 아직 어린 딸이 손톱에 시커먼 매니큐어를 칠하고 친구들과 밤늦게 어울려 다니면 꾸중을 안 하고 싶어도 안 할 수가 없습니다. 그런데 꾸중을 하면 자녀는 또 가만히 있나요. 왜 간섭이냐며 대들고, 상관 말라며 소리를 지릅니다. 이런 상황은 부모님과 자녀가 서로 다른 주장을, 서로 다른 근거로 내세우기 때문에 생깁니다. 그러니 결론은 안 나고, 서로 감정만 상합니다.

"넌 어떻게 된 애가 매일 늦게 들어오니?"라는 말로 부모가 대화를 시작한다면 다음 장면은 '안 봐도 비디오'입니다. "내가 언제 매일 늦었어요? 그저께는 일찍 들어왔잖아요!"라는 말을 시작으로, 본격적인 말다툼이 시작될 것입니다. 물론 부모님 입장에서는 자녀가 자주 늦게 오기 때문에 화가 나서 그렇게 말씀하셨을 겁니다. 그러나 받아들이는 자녀 입장에서는 자신을 마치 '매일' 늦는 사람으로 매도하는 말처럼 들립니다. 때문에 '매일' 늦는 것은 아니라며 반격하는 것이 당연합니다.

만약 처음에 부모님이 "오늘도 늦었네? 어제도 늦더니……. 혹시 무슨 일 있니?"라고 묻는다면 어떨까요? 이렇게 말하면 자녀는 맞받아치고 싶어도 맞받아칠 수가 없습니다. 그건 부모님이 '객관적인 사실'만을 말했기 때문입니다. 어제 늦은 것도 사실이고, 오늘 늦은 것도 사실입니다. 화가 나서 엄마 말을 꼬투리 잡고 싶어도 잡을 건더기가 없습니다. 또 무슨 일이 있는지 묻고 있을 뿐, 자신을 꾸중하는 것이 아니기 때문에 화를 낼 수도 없습니다.

만약 꾸중을 해야 한다면 대화의 첫 단추는 이렇게 상대와 내가 둘 다 인정할 수밖에 없는 '객관적 사실'로 시작하는 것이 좋습니다. 만약 부모의 주관적인 판단이 들어간 말, 예컨대 "어딜 싸돌아다니다 이제 와!" 또는 "엄마 말이 말 같지 않아?"와 같은 말로 대화를 시작하는 것은 자녀와의 대화를 포기하겠다는 말과 같습니다. 공부에 관해서 이야기할 때도 마찬가지입니다. "야! 수학 성적 떨어졌네? 얼씨구, 매일 놀더니 결국 이 꼴이지. 이제 놀지 말고 공부 좀 열심히 해라."라고 말하는 것과 "저번에는 수학이 84점이었는데, 이번에는 81점이네? 한 문제 차이인데 많이 아쉽겠구나. 너 이번에 문제집 산 것 다 풀었잖아? 근데 그렇게 해도 별로 효과가 없는 것 같아?"라고 말하는 것은 다릅니다. 자녀의 반응 역시 달라지겠지요. 그동안 제가 관찰해온 다양한 부모님들의 차이는 바로 이런 부분에 있었습니다.

## 4. 명령하는 대신 자신의 감정을 이야기해주세요

부모는 자녀를 교육할 권한이 있습니다. 자녀에게 이래라 저래라 명령을 해도 절대 잘못된 것이 아니지요. 그러나 말의 '내용'은 비록 명령이라도 말투, 즉 말의 '형식'은 부드럽게 포장을 해야 자녀의 행동에 변화가 일어납니다.

"싸돌아다니지 말고 일찍 들어와라!"라고 명령조로 이야기하면 몇 번 일찍 들어오는 행동을 이끌어낼 수 있을지는 모르지만, 그건 일시적인 효과일 뿐입니다. 이런 상황이 계속 쌓이면 자녀는 자신이 부모에게 끌려다닌다고 느끼게 됩니다. 그러다 '왜 매일 나보고 이래라 저래라 하는거야? 그러는 엄마는 왜 항상…….' 이런 식의 반항적인 마음이 생기게 됩니다. 그런 반항심이 생긴다고 해서 소위 싸가지(?)가 없다고 할 수는 없습니다. 물론 부모에게 욕을 하면서 대든다든가 하는 행동은 분명히 잘못된 것이지만, 그런 '마음'이 드는 것 자체는 어쩔 수가 없습니다. 누군가에게 간섭받기 싫어한다는 것은 그 사람이 하나의 독립적인 인격체로 성장하고 있다는 증거이기 때문입니다.

아이는 부모가 '이제 너도 어른이 되었구나.'라고 생각하기 5년 전에 이미 어른이 되어 있고, 아이는 자기가 어른이라고 생각한 때부터 5년이 지나야 어른이 된다는 말도 있습니다. 자녀는 성장하고 있는데, 부모는 예전처럼 자녀를 아이로만 바라보고 이때까지 해오던 대로 자녀를 다룰 때 문제가 생기고, 갈등이 시작됩니다. 더 이상 아이가 아닌 자녀와의 갈등을 예방하고, 자녀의 자발적인 협조를 이끌어내려면 명령조의 말은 피하는 것이 좋습니다. 그러나 이 말이 잘못된 행동에 관해 교육을 할 필요가 없다는 뜻은 아닙니다. 앞서 말했듯이 말의 포장만 바꾸시라는 것입니다.

비결은 문장의 주어를 항상 자기 자신으로 하는 것입니다. '너는 왜 이러느냐, 저러느냐.'가 아니라 '네가 그렇게 하면 나는 이러하다, 저러

하다.'는 방식으로 말하는 것입니다. 이렇게 하면 상대를 판단하는 말 대신 자신의 감정을 이야기하게 됩니다. 자신의 감정을 이야기하는 한마디는 100마디 명령보다 효과가 큽니다. 자녀가 해야 할 일을 하지 않거나, 해서는 안 될 행동을 할 때는 문장의 주어를 부모님 자신으로 해서, 명령이 아닌 감정을 솔직하게 말해주시면 됩니다.

예컨대 "엄마는 네가 오늘처럼 약속을 안 지키면 서운한 마음이 든다." 또는 "엄마는 네가 늦게 오면 무슨 일이 있는지 걱정이 된다." 하는 식으로 말을 하면, 자녀는 절대 "왜 간섭이야!"라며 대들 수가 없습니다. 오히려 미안해지지요. 자신을 걱정해주는 사람에게 어떻게 화를 내겠습니까. 인간이라면 누구나 자신을 걱정하고 믿어주는 사람을 실망시키고 싶지 않은 법입니다. 그리고 이렇게 말해야만 부모와 자녀 사이에 변화가 생깁니다.

## 5. 변화를 원한다면 과거의 일은 절대 꺼내지 말아주세요

"너 또 PC방 갔지?"

"아니에요. 독서실에서 오는 거예요."

"무슨 소리야. 그게 말이 돼? 지번에도 독서실 간다고 거짓말하고 PC 방 갔다가 나한테 걸렸잖아!"

"아, 진짜! 왜 못 믿으세요? 그러는 엄마도 설날 지나면 컴퓨터 새로 사준다고 해놓고, 왜 아직까지 안 사주세요? 엄마는 왜 거짓말해요!"

"이 녀석이! 엄마한테 말버릇이 그게 뭐야?"

"말버릇? 제가 틀린 말 했어요? 왜 말을 돌려요? 자기가 불리하니까 딴말하는 것 봐."

"뭐? 얘가!" 쾅(방문 닫는 소리).

이 대화는 왜 이렇게 흘렀을까요? 이유는 부모가 과거의 일을 꺼냈기 때문입니다. 과거에도 잘못했으니 이번에도 그런 것 아니냐고 묻고 싶은 건 사람으로서 당연한 마음입니다. 그러나 상대방이 과거에 잘못한 일을 끄집어내는 순간, 대화는 대화가 아니라 싸움이 됩니다. 그것도 제대로 한번 싸워보자고 작정하고 드는 것과 다름없지요. 과거의 일로 공격 받은 자녀 역시 부모님의 과거를 꺼냅니다. "엄마는 이때까지 잘못한 것 없어?"라며 공격할 게 뻔합니다. 그럼 부모님은 이제 "넌 말버릇이 그게 뭐냐?"라며 공격하고, 자녀는 또다시 "아, 왜 말을 돌려?"라며 목소리를 높입니다.

이렇게 하면 대화, 아니 싸움이 끝날 리가 없습니다. 괜스레 과거의 일을 꺼내는 대신 이렇게 말해보는 것은 어떨까요?

"엄마는 네가 PC방에 게임을 하러 갔다고 생각했는데 넌 독서실에 갔다고 하니, 그럼 엄마가 오해한 것 같구나. 미안하다. 네 말을 믿으마. 하지만 만약 그런 일이 있다면 엄마는 많이 실망할 거다."

만약 자녀가 중요한 잘못을 범했고, 그 일이 반드시 지적해야만 하는

일이라고 생각되신다면 그때 바로 지적하고 꾸중하셔야 합니다. 대신 나중에 다시 그 일을 끄집어내는 일은 없어야 합니다. 너무 화가 나서 자기도 모르게 옛날 일을 언급하실 수도 있습니다. 그러나 지혜로운 부모님이라면 그렇게까지 자신이 화가 나기 전에, 자녀와의 대화를 잠시 미룰 것입니다.

자녀와의 대화가 언제나 기분 좋게 끝나는 것은 아닐 겁니다. 혼란스러울 때도 많고, 참아야 하거나 속상한 경우도 많습니다. 그래도 한 가지는 꼭 기억해주셨으면 합니다. 아이들은 부모님의 그런 노력과 마음을 (자기가 말은 안 해도) 이미 알고 있는 경우가 대부분입니다. 그리고 마음속으로는 고마워합니다. 비록 겉으로는 그렇게 안 보일지도 모르지만요.

예전의 제가 그랬고 지금 제 주위의 많은 학생들이 그렇듯이, 아이들은 자신의 마음을 부모님께 표현하는 것이 매우 서툽니다. 그래서 제가 예전에 저의 부모님께 하고 싶었지만 결국 하지 못 했던 말, 지금 제 주위의 아이들이 자기 부모님께 하고 싶다는 말을 전해드리는 걸로 글을 마무리하겠습니다.

"고마워요, 엄마."

이 책을 끝까지 읽어주신 모든 분들께 감사를 드립니다.
아울러 책이 나오기까지 수고해주신 많은 분들께도 감사드립니다.
독자 여러분들의 꿈을 이루어가는 과정에 이 책이 작은 도움이 되기를 바라며,
그 길 위에 시 하나를 내려놓는 것으로 집필 후기를 대신합니다.

우리가 가야 할 곳, 혹은 가는 길은
쾌락도 아니요, 슬픔도 아니리라.
내일 하루는 오늘보다 낫도록 살아가는
그것이 우리의 목적이요, 길이다.

예술은 길기만 하고 세월은 덧없이 흐른다.
우리의 심장은 비록 튼튼하고 용감하나,
싸맨 북소리처럼 둔탁한 그 소리는
무덤을 향해가는 장송곡일 뿐이니.

이 세상 넓디넓은 전쟁터,
인생의 주둔지 안에서,
억지로 끌려가는 우둔한 소가 아닌
그대, 싸움에서 승리하는 영웅이 되어라.

_롱펠로우, 「생의 찬미(A psalm of life)」 중에서

박철범의 하루공부법 2

**초판 1쇄 발행** 2009년 12월 15일
**개정판 1쇄 발행** 2015년 11월 27일
**개정판 5쇄 발행** 2021년 8월 9일

**지은이** 박철범
**펴낸이** 김선식

**콘텐츠사업7팀장** 이여홍 **콘텐츠사업7팀** 김단비, 권예경
**마케팅본부장** 이주화 **마케팅3팀** 이미진, 박태준, 유영은
**미디어홍보본부장** 정명찬 **홍보팀** 안지혜, 김재선, 이소영, 김은지, 박재연, 오수미, 이예주
**뉴미디어팀** 김선욱, 허지호, 염아라, 김혜원, 이수인, 임유나, 배한진, 석찬미
**저작권팀** 한승빈, 김재원
**경영관리본부** 허대우, 하미선, 박상민, 권송이, 김민아, 윤이경, 이소희, 이우철, 김재경, 최완규, 이지우, 김혜진

**펴낸곳** 다산북스 **출판등록** 2005년 12월 23일 제313-2005-00277호
**주소** 경기도 파주시 회동길 490 다산북스 파주사옥
**전화** 02-704-1724 **팩스** 02-703-2219 **이메일** dasanbooks@dasanbooks.com
**홈페이지** www.dasanbooks.com **블로그** blog.naver.com/dasan_books
**종이** 한솔피엔에스 **출력 · 인쇄 · 후가공** 갑우문화사

ISBN 979-11-306-0453-4(14370)
ISBN 979-11-306-0455-8(세트)